현지에서 필요한

Daily English Conversation

생활 속의 영어회화

이동만 편저

지금 당장 사전처럼 필요한 표현만
쏙쏙 뽑아 활용하는 일상생활 영어회화!!

신라출판사

현대인에게 있어서 영어의 필요성은 두말할 필요가 없을 것입니다. 그러나 오랫동안 손을 놓고 있던 영어를 다시 시작하고 싶은데 어떻게 어디서부터 시작해야 할지 몰라 망설이는 분들이 많습니다. 그래서 필자는 영어회화를 다시 시작하려는 분들과 당장 급하게 필요한 분들을 위해 이 책을 쓰게 되었습니다.

영어회화를 공부하려면 우선 그 방향을 설정하는 것이 우선되어야 합니다. 예를 들면 일상회화, 비즈니스회화, 여행회화 등 여러 분야가 있습니다. 물론 각 분야를 골고루 잘해야겠지만 일상생활에서 필요한 회화가 우선되어야 다른 분야의 영어회화로 자연스럽게 이어진다는 것을 알아야 합니다. 따라서 이 책은 일상생활에서 일어나는 여러 가지 장면을 주제별로 다루었으며, 가능한 짧고 아주 쉬운 회화표현만을 엄선하여 다음과 같은 특징으로 엮었습니다.

◉ 이 책은 외국인과 대화를 할 때 다양한 상황에 대처할 수 있도록 일상생활에서 부딪치는 기본적이고 꼭 필요한 장면들을 모았습니다.

◉ 장면별로 구성하여 언제 어디서든 필요한 회화표현을 쉽게 찾아보면서 활용할 수 있도록 사전식으로 꾸몄습니다.

◉ 간단한 영어회화만을 수록하여 쉽게 접근할 수 있도록 했으며, 지금 당장 일상생활에서 풍부하게 활용할 수 있습니다.

◉ 영어를 잘 모르더라도 한글만 읽을 줄 알면 저절로 회화가 가능해지도록 영어 문장 아래 원음에 충실하여 그 발음을 한글로 표기했습니다.

끝으로, 이 책은 폭넓은 장면을 다루었기 때문에 각 주제별로 심도있게 다루지는 못했습니다. 이 책으로 공부한 후에 어느 정도 영어회화에 자신감이 생기면 집중적으로 각 분야의 영어회화 교재를 선택하여 공부할 것을 부탁드리며, 외국어 학습은 많은 반복연습만이 지름길이므로 몇 번이고 반복하고 입에서 저절로 나올 때까지 숙지하시기 바랍니다.

엮은이 씀

차례

04 외국인과 자신있게 교제하기_127

06 식당 · 가게 · 병원에서 표현하기_194

07 해외여행·비즈니스의 표현_244

자유자재로 감정·의사 표현하기

PART 01

Yes, I am.

네, 그렇습니다.

■ **Yeah.**
예
네.

■ **Right.**
라잇
그래요

■ **Me, too.**
미 투
저도 그래요

■ **Certainly.**
써튼리
알았습니다.

■ **Sure.**
슈어
물론이죠

■ **That's it!**
댓츠 잇!
그래요

■ **I think so.**
아이 씽 쏘
저도 그렇게 생각해요

No, I'm not.

아니오, 그렇지 않아요.

☐ **Wrong.**
롱

아닙니다.

☐ **That's not right.**
댓츠 낫 라잇

그렇지 않습니다.

☐ **Never!**
네버

절대 그렇지 않아요.

☐ **No way!**
노 웨이!

당치도 않아요.

☐ **Of course not.**
옵코스 낫

물론 다르지요.

☐ **Not anymore.**
낫 에니모어

이제 그러지 않아요.

☐ **No, thank you.**
노 땡큐

아뇨, 됐습니다.

Excuse me!

저 여보세요!

◼ Mr. Kim!
미스터 킴

김씨! (남성)

◼ Mrs. Kim! / Miss. Kim!
미시즈 킴 / 미스 킴

김씨! (기혼 여성) / **김양!** (미혼 여성)

◼ Everybody!
에브리바디

여러분!

◼ Professor Kim!
프뤄풰서 킴

김 교수님!

◼ Dr. Kim!
닥터 킴

김 선생님! (의사)

◼ Hello!
헬로우

여보세요!

◼ Say there! / You there!
쎄이 데어 / 유 데어

저 여보세요!

No problem.
괜찮아요.

■ **After you.**
애프터 유

먼저 하세요

■ **Watch out!**
와취 아웃

위험해!

■ **Are you ready?**
아 유 레디

준비되었어요?

■ **Unbelievable!**
언빌리버블

믿어지지 않아요!

■ **Here it is.**
히어 잇 이즈

여기 있어요

■ **Go ahead.**
고 어헤드

자, 하시지요

■ **Let me see.**
렛 미 씨

글쎄요

Of course.
옵코스

물론이죠.

No problem.
노 프라블럼

괜찮아요.

Really?
리얼리

정말?

What's the matter?
왓츠 더 매터

무슨 일이세요?

Never!
네버

절대로 그런 일은 없어요!

Oh, my gosh!
오 마이 가쉬

맙소사!

I think so.
아이 씽 쏘

저도 그렇게 생각해요.

I don't think so.
아이 돈ㅌ 씽 쏘

저는 그렇게 생각하지 않아요.

Thank you.

고맙습니다.

■ **Thank you. / Thanks.**

땡큐 / 땡스

감사합니다.

■ **Thanks a lot.**

땡스 어 랏

대단히 감사합니다.

■ **Thank you for your kind help.**

땡큐 풔 유어 카인드 헬프

친절히 도와 주셔서 감사합니다.

■ **I'd appreciate it.**

아이드 어프리쉬에잇 잇

그렇게 해 주시면 감사하겠습니다.

■ **I appreciate it very much.**

아이 어프리쉬에잇 잇 베리 머취

그 점 정말 감사합니다.

■ **I heartily thank you.**

아이 하틸리 땡큐

진심으로 감사드립니다.

■ **Thank you for the tip.**

땡큐 풔 더 팁

가르쳐 줘서 감사합니다.

Thank you for everything.
땡큐 풔 에브리씽

여러 가지로 감사드립니다.

Thank you very much for helping me.
땡큐 베리 머취 풔 헬핑 미

도와 주셔서 감사드립니다.

Thank you anyway.
땡큐 에니웨이

어쨌든 감사합니다.

Thank you very much indeed.
땡큐 베리 머취 인디드

정말 감사합니다.

I don't know how to thank you enough.
아이 돈ㅌ 노우 하우 투 땡큐 이넢

어떻게 감사를 드려야 할지 모르겠군요

I can never thank you enough.
아이 캔 네버 땡큐 이넢

얼마나 감사한지 모르겠어요

I hope I can repay you for it.
아이 홉 아이 캔 뤼페이 유 풔 잇

보답해 드릴 수 있었으면 좋겠어요

No thanks. I'd better not.
노 땡스, 아이드 베터 낫

감사합니다만, 사양하겠습니다.

고마움에 응답할 때

You're welcome.

별 말씀을요.

■ **You're welcome.**
유어 웰컴

천만에요.

■ **Don't mention it.**
돈ㅌ 멘셔닛

원 별말씀을요.

■ **The same to you.**
더 쎄임 투 유

당신도요.

■ **You're more than welcome.**
유어 모어 댄 웰컴

천만에요. (강조)

■ **It's very nice of you to say so.**
잇츠 베리 나이스 옵 유 투 쎄이 쏘

그렇게 말씀해 주시니 고맙습니다.

■ **It was my pleasure.**
잇 워즈 마이 플레저

제가 오히려 고맙죠.

■ **I also had a good time.**
아이 올쏘 해더 굿 타임

저도 기쁩니다.

■ **I'm all right now. Thank you.**

아임 올 롸잇 나우. 땡큐

이젠 괜찮습니다. 고맙습니다.

■ **Thanks just the same.**

땡스 저슷 더 쎄임

저도 마찬가지로 감사합니다.

■ **The pleasure is all mine.**

더 플레져 이즈 올 마인

천만의 말씀입니다.

■ **I'm glad you enjoyed it.**

아임 글래듀 인죠이딧

즐거우셨다니 다행입니다.

■ **Thank you for your trouble.**

땡큐 풔 유어 트러블

수고해 주셔서 감사합니다.

■ **It was no trouble at all.**

잇 워즈 노 트러블 앳톨

수고랄 게 있나요 뭐.

■ **It's my pleasure.**

잇츠 마이 플레져

제가 좋아서 한 건데요.

■ **I'm glad to help you.**

아임 글래드 투 헬퓨

도움이 될 수 있어서 기쁩니다.

I'm sorry.

미안합니다.

■ I'm sorry. I'm late.
아임 쏘리. 아임 레잇

늦어서 미안합니다.

■ I'm very sorry.
아임 베리 쏘리

대단히 죄송합니다.

■ I apologize to you.
아이 어팔러좌이즈 투 유

당신에게 사과드립니다.

■ I'm sorry for everything.
아임 쏘리 풔 에브리씽

여러 가지로 죄송합니다.

■ I feel sorry about it.
아이 퓔 쏘리 어바우릿

그 일에 대해서 미안하게 생각하고 있습니다.

■ Excuse me.
익스큐즈 미

실례합니다(미안합니다).

■ I'm sorry to have to trouble you.
아임 쏘리 투 해브 투 트러블 유

귀찮게 해서 미안합니다.

21

■ **Please accept my apology.**
플리즈 액셉트 마이 어팔러쥐

저의 사과를 받아 주세요.

■ **I'm sorry, I couldn't help it.**
아임 쏘리, 아이 쿠든트 헬핏

미안해요, 어쩔 수가 없었어요.

■ **My intentions were good.**
마이 인텐션즈 워 굿

고의로 그런 게 아닙니다.

■ **Excuse me. I got the wrong person.**
익스큐즈 미, 아이 갓 더 룅 퍼슨

실례했습니다. 사람을 잘못 봤습니다.

■ **It was a slip of the tongue.**
잇 워저 슬립 옵 더 텅

내가 말을 잘못했습니다.

■ **It wasn't my fault.**
잇 워즌트 마이 폴트

그건 제 잘못이 아니에요.

■ **It was my fault.**
잇 워즈 마이 폴트

내 잘못이었어요.

■ **That was careless of me.**
댓 워즈 케어리스 옵 미

그건 저의 부주의 탓이었어요.

That's all right.

괜찮아요.

■ **That's all right.**

댓츠 올 롸잇

괜찮습니다.

■ **Don't worry about it.**

돈ㅌ 워리 어바우팃

걱정하지 마세요.

■ **No problem.**

노 프라블럼

그까짓 것 문제될 것 없습니다.

■ **No sweat.**

노 스웻

괜찮습니다.

■ **You're forgiven.**

유어 풔기번

당신을 용서하겠어요.

■ **All right. You're accepted.**

올 롸잇 유아 액셉티드

좋아요, 받아들이죠.

■ **You did the right thing.**

유 디드 더 롸잇 씽

당신은 잘못한 게 없어요.

23

I'm glad.

기뻐요.

■ **I'm very happy!**

아임 베리 해피

무척 기뻐요

■ **I'm overjoyed.**

아임 오버죠이드

몹시 기뻐요

■ **I'm flying.**

아임 플라잉

뛸 듯이 기뻐.

■ **What a great feeling!**

왓 어 그레잇 필링

기분 끝내주는군!

■ **Oh! How glad I am!**

오! 하우 글래드 아이 앰

정말 기분이 좋군!

■ **I jumped for joy.**

아이 점프트 풔 조이

기뻐서 날아갈 것 같았어요.

■ **What a lark!**

왓 어 락

정말 즐거워요!

■ **I feel like humming.**
아이 필 라익 허밍

콧노래라도 부르고 싶은 기분입니다.

■ **What makes you so happy, Mr. Kim?**
왓 메익슈 쏘 해피, 미스터 킴

뭐가 그리 기쁘세요, 미스터 김?

■ **I'm so happy, I don't know what to say.**
아임 쏘 해피, 아이 돈ㅌ 노우 왓 투 쎄이

너무 기뻐서 말이 안 나와요

■ **I'm tickled pink.**
아임 티클드 핑크

좋아서 미치겠어요.

■ **I'm completely.**
아임 컴플리틀리

난 정말로 만족스러워.

■ **My mind is completely at ease.**
마이 마인디즈 컴플리틀리 앳 이즈

마음이 아주 편안해요.

■ **I'm really happy with it.**
아임 리얼리 해피 위딧

난 정말 그것에 흡족해.

■ **I couldn't be happier with it.**
아이 쿠든ㅌ 비 해피어 위딧

더 이상 기쁠 수 없을 거야.

I'm sad.

슬퍼요

■ **I feel like crying.**
아이 필 라익 크라잉

울고 싶어.

■ **I'm hopeless.**
아임 호프리스

저는 희망이 없어요.

■ **I feel miserable.**
아이 필 미저러블

저는 비참해요.

■ **I'm just feeling a little sad.**
아임 저슷 필링 어 리틀 새드

저는 조금 슬픈 기분이에요.

■ **The movie is so sad.**
더 무비이즈 쏘 새드

영화가 너무 슬퍼요.

■ **I'm so sad I could cry.**
아임 쏘 새다이 쿠드 크라이

슬퍼서 울고 싶은 심정이에요.

■ **Somehow I feel like crying.**
썸하우 아이 필 라익 크라잉

괜히 울고 싶은 심정이에요.

Alas!
얼래스

아, 슬퍼요!

What a pity!
왓 어 피티!

어머 가엾어라!

Oh, my God!
오, 마이 갓

맙소사!

I'm bored to death!
아임 보-드 투 데쓰

심심해서 죽겠어!

Cheer up.
치어럽

기운 내.

You'll get through this.
유일 겟 쓰루 디쓰

너는 이겨낼 거야.

Don't give way to grief.
돈ㅌ 깁 웨이 투 그맆

슬픔에 굴복해서는 안 돼요.

Sleep off your sorrow.
슬립 옵퓨어 싸로우

잠을 자고 슬픔을 잊어버리세요

I'm mad!

미치겠네!

■ **All right, I will.**

올 라잇, 아 윌

알았어, 알겠다고

■ **You drive me crazy.**

유 드라이브 미 크레이지

당신 때문에 미치겠어요.

■ **I'm really mad.**

아임 리얼리 매드

정말 미쳐 버리겠네.

■ **I'm going crazy.**

아임 고잉 크레이지

미치겠어요

■ **My patience is worn out.**

마이 페이션스 이즈 원 아웃

참는 것도 한도가 있어요

■ **Damn it!**

댐 잇!

제기랄!

■ **I'm mad at myself.**

아임 매댓 마이셀프

제 자신에게 화가 났어요.

■ How rude can you be?

하우 루드 캔 유 비

너 어떻게 그렇게 무례할 수가 있니?

■ He got angry at you.

히 갓 앵그리 앳 유

그 사람 당신한테 화나 있어요.

■ What's got him so angry?

왓츠 갓 힘 쏘 앵그리

무엇 때문에 그가 그렇게 화가 났니?

■ I don't know why.

아 돈트 노우 와이

왜 그런지 모르겠어요.

■ Are you angry?

아 유 앵그리

화났어요?

■ He's on the warpath.

히즌 더 워패쓰

그는 몹시 화가 나 있어요.

■ Are you still angry?

아 유 스틸 앵그리

아직도 화나 있어요?

■ Are you angry with me on that score?

아 유 앵그리 위드 미 온 댓 스코어

그래서 나한테 화가 났어요?

29

■ **What's got him all fired up?**

왓츠 갓 힘 올 퐈이어덥

무엇 때문에 그가 저렇게 펄펄 뛰는 거야?

■ **Calm down!**

컴 다운

진정하세요.

■ **Please don't get angry.**

플리즈 돈ㅌ 겟 앵그리

화 내지 마세요.

■ **Simmer down.**

씨머 다운

흥분을 가라앉혀.

■ **Don't lose your temper.**

돈ㅌ 루쥬어 템퍼

이성을 잃지 마세요.

■ **Don't get so upset.**

돈ㅌ 겟 쏘 업셋

너무 화내지 마.

■ **Don't take it out on me.**

돈ㅌ 테이킷 아웃 온 미

나한테 화내지 마라.

■ **Don't get so uptight about this.**

돈ㅌ 겟 쏘 업타잇 어바웃 디쓰

이런 일에 그렇게 긴장할 필요 없어.

지긋지긋할 때

I'm sick of it.

이제 지긋지긋해.

◻ **I'm sick and tired of it.**

아임 씩 앤 타이어드 오빗

진짜 지겹다, 지겨워.

◻ **Aren't you tired of your job?**

안츄 타이어돕 유어 잡

하는 일에 싫증나지 않으세요?

◻ **He frustrates me to no end.**

히 프러스트레잇츠 미 투 노 엔드

그는 매우 짜증나게 해.

◻ **I'm disgusted with this way of life.**

아임 디스거스티드 위드 디스 웨이 옵 라잎

이런 생활에는 이제 넌더리가 나요.

◻ **I'm tired of my work.**

아임 타이어돕 마이 워크

이젠 일에 싫증이 나요.

◻ **It's really stressful!**

잇츠 리얼리 스트레스펄

정말 스트레스 쌓이는군!

◻ **It's boring, isn't it?**

잇츠 보-링, 이즌팃

따분하죠, 그렇죠?

■ **Time hangs heavy on my hands.**

타임 행스 헤비 온 마이 핸즈

지루해 죽겠어요

■ **I'm really pissed off.**

아임 리얼리 피스트 오프

정말 짜증스러워요

■ **It makes me sick even to think of it.**

잇 메익스 미 씩 이븐 투 씽크 오빗

그건 생각만 해도 지긋지긋해요.

■ **What a drag!**

왓 어 드래그!

맥이 빠지는군!

■ **This job never ends.**

디쓰 잡 네버 엔즈

이 일은 해도 해도 한이 없군.

■ **Your behavior is really tiresome.**

유어 비헤이비여 이즈 리얼리 타이어썸

너의 행동에 진저리가 나.

■ **There's nothing more irritating than that.**

데어즈 나씽 모어 이러테이팅 댄 댓

그보다 더 짜증스러운 건 없어.

■ **I'm fed up with studying English.**

아임 패덥 위드 스터딩 잉글리쉬

영어 공부는 너무 싫증 나.

I'm surprised!

아 깜짝이야!

■ **Oh, my God!**

오, 마이 갓

저런, 세상에!

■ **My goodness!**

마이 구드니스

하느님 맙소사!

■ **Good God!**

굿 갓

어머나!

■ **How surprising!**

하우 써프라이징

놀랍군요!

■ **Oh, I'm surprised.**

오, 아임 써프라이즈드

아이, 깜짝 놀랐잖아.

■ **I was completely surprised.**

아이 워즈 컴플리틀리 써프라이즈드

정말 놀랐어.

■ **What a surprise!**

왓 어 써프라이즈

놀라워!

■ I can't believe it.
아이 캔트 빌리브 잇

믿을 수 없어.

■ That's awesome.
댓츠 오썸

굉장한데!

■ We really are in trouble!
위 리얼리 아린 트러블

이거 큰일났군!

■ Amazing!
어메이징

놀랍군요!

■ You startled me.
유 스타틀드 미

너 때문에 놀랐잖아.

■ Calm down.
캄 다운

진정해.

■ You'd better go sit down and relax.
유드 베터 고 씻 다운 앤 릴랙스

앉아서 긴장을 푸는 게 좋겠어.

■ Take a deep breath.
테이커 딥 브레쓰

숨을 깊이 들이쉬세요.

감동할 때

Great!

대단해!

■ **Wonderful! / Great!**
원더펄 / 그레잇

멋지네요(훌륭해요)!

■ **Wow, beautiful!**
와우, 뷰티펄

와, 정말 아름답네요!

■ **Good! / Delicious!**
굿 / 딜리셔스

맛있네요!

■ **It really got to me.**
잇 리얼리 갓 투 미

무척 감동했어요.

■ **Good job! / Excellent!**
굿 잡 / 엑설런트

잘했어요!

■ **How interesting! / How exciting!**
하우 인트러스팅 / 하우 익사이팅

재미있네요!

■ **That's really super!**
댓츠 리얼리 수퍼

엄청나네요!

찬성할 때

I agree.

찬성입니다.

■ **It's up to you.**

잇첩 투 유

좋으실 대로 하세요

■ **No problem.**

노 프라블럼

문제없어요.

■ **Sounds great.**

싸운즈 그레잇

좋아요(굉장하군요).

■ **That's not bad.**

댓츠 낫 배드

그거 괜찮은데요.

■ **I'm for your opinion.**

아임 풔 유어 어피니언

당신의 의견에 찬성입니다.

■ **I'd like you to make the choice.**

아이드 라익큐 투 메익 더 쵸이스

당신이 좋으실 대로 선택하세요.

■ **Would you, please?**

우쥬, 플리즈

그렇게 해 주실래요?

I suppose so.
아이 써포우즈 쏘

나는 그렇게 생각해요.

You can put it that way.
유 캔 풋잇 댓 웨이

그렇게 말 할 수도 있겠지요.

It's all right by me.
잇츠 올 롸잇 바이 미

전 상관없어요.

Either will be fine.
이더 윌 비 파인

둘 중 어떤 것이라도 좋아요

I'm with you on that matter.
아임 위쥬 온 댓 매터

그 문제에 대해서는 저도 동감입니다.

I've got it!
아이브 갓팃

아, 알겠습니다!

That's fine with me.
댓츠 파인 위드 미

저는 좋아요(나는 괜찮아요).

I'll bet you're right.
아일 벳 유어 롸잇

당신이 옳은 것 같아요

Oh, I see.
오, 아이 씨

아, 알겠어요 (비로소 알게 됐다는 의미)

Oh! I see what you mean.
오! 아이 씨 왓 유 민

아! 무슨 말인지 알았어요.

I get the picture.
아이 겟 더 픽쳐

알겠습니다.

It's easy to put two and two together.
잇츠 이지 투 풋 투 앤 투 트게더

이제 알았습니다.

That's good enough.
댓츠 굿 이넢

그 정도면 충분합니다.

Go right ahead.
고 롸잇 어헤드

그렇게 하세요.

I promise you!
아이 프라미스 유

제가 약속할게요!

That would be fine.
댓 우드 비 퐈인

그거 괜찮겠군요.

I don't agree.

반대입니다.

■ **We'll have to wait and see.**

위일 해브 투 웨잇 앤 씨

두고 봐야죠.

■ **Chances are slim.**

챈스즈 아 슬림

가망이 없어요.

■ **Far from it.**

퐈 프러밋

저하고는 거리가 멉니다.

■ **That doesn't matter.**

댓 더즌ㅌ 매터

상관없어요.

■ **That all depends.**

댓 올 디펜즈

그건 사정에 따라 다르죠.

■ **Not necessarily.**

낫 네써세럴리

반드시 그럴 필요는 없어요.

■ **I'm afraid I don't know.**

아임 어프레이드 아이 돈ㅌ 노우

잘 모르겠는데요.

39

Not that I know of.
낫 댓 아이 노우 옵

내가 아는 바가 아닙니다.

It is not necessarily so.
이티즈 낫 네써세럴리 쏘

반드시 그렇지는 않아요.

That won't do, either.
댓 원ㅌ 두, 이더

그것도 역시 효과가 없을 거예요.

I'm afraid I'd better not.
아임 어프레이드 아이드 베터 낫

하지 않는 것이 좋을 것 같아요.

I just don't bother with it.
아이 저슷 돈ㅌ 바더 위딧

나는 그런 것에 개의치 않아요.

I haven't decided yet.
아이 해븐ㅌ 디싸이디드 옛

아직 결정을 못 했어요.

I'm dead set against it.
아임 데드 셋 어게인스팃

나는 결사적으로 반대입니다.

I don't feel up to it.
아이 돈ㅌ 필럽 투 잇

마음이 내키지 않아요.

I have a good idea.

좋은 생각이 있어요.

■ **What should I do with this?**

왓 슈다이 두 위드 디쓰

이걸 어떻게 하면 될까요?

■ **What do you think about this?**

왓 두 유 씽커바웃 디쓰

이건 어떻다고 생각하세요?

■ **What would you like to say?**

왓 우쥬 라익 투 쎄이

무슨 말을 하려는 거죠?

■ **Can you fill me in?**

캔유 필 미 인

내게 설명 좀 해 주시겠어요?

■ **Let me tell you something.**

렛 미 텔류 썸씽

제가 한 마디 할게요.

■ **Please listen to me.**

플리즈 리슨 투 미

제 말 좀 들어 보세요.

■ **What's the matter with it?**

왓츠 더 매터 위딧

그게 어때서 그렇습니까?

■ Now, what am I going to do?

나우, 왓 앰 아이 고잉 투 두

자, 이제 어떡하면 되겠습니까?

■ You got a minute?

유 갓터 미닛

잠깐 이야기 좀 할 수 있을까요?

■ May I see you for a moment?

메아이 씨 유 풔러 모먼

잠깐 좀 볼 수 있을까요?

■ What do you want me to do?

왓 두 유 원 미 투 두

제가 무엇을 했으면 합니까?

■ What do you have in mind?

왓 두 유 해빈 마인드

하려는 말이 뭐죠?

■ Isn't there any way out?

이즌ㅌ 데어레니 웨이 아웃

어떻게 뽀족한 수가 없을까요?

■ Do I look all right?

두 아이 룩콜 롸잇

이만하면 괜찮아 보입니까?

■ Do you understand what I mean?

두 유 언더스탠드 워라이 민

제 말 알겠어요?

Which side are you on?
위치 싸이드 아 유 온

당신은 어느 편입니까?

Are you serious or joking?
아 유 시어리어스 오어 죠킹

진정인가요, 아니면 농담인가요?

What's so good about it?
왓츠 쏘 굿 어바웃잇

그게 뭐가 그리 좋아요?

Can this be true?
캔 디쓰 비 트루

이게 정말 그럴까요?

Who do you think he is?
후 두 유 씽크 히 이즈

그가 누구라고 생각하세요?

Are you sure about that?
아 유 슈어 어바웃 댓

그게 확실한가요?

Can you come up with an idea?
캔 유 컴 업 위던 아이디어

좋은 생각이 떠오르세요?

What do you say?
왓 두 유 쎄이

어떻게 생각하세요?

Maybe.

아마도.

■ **That may be right.**

댓 메이 비 롸잇

그럴지도 모르겠군요.

■ **I guess so.**

아이 게쓰 쏘

그럴 거야.

■ **That may be true.**

댓 메이 비 트루

그럴지도 모르겠어.

■ **Sort of.**

쏘톱

아마 그럴 거야.

■ **It depends.**

잇 디펜즈

경우에 따라서.

■ **Yes and no.**

예쓰 앤 노

어느 쪽이라고 단정할 수 없어.

■ **I'm not sure.**

아임 낫 슈어

확실히 모르겠어요.

44

I hope so.
아이 홉 쏘

그렇다면 좋겠는데요.

It's hard to say.
잇츠 하드 투 쎄이

뭐라 말할 수 없군요.

Well, more or less.
웰, 모어 오어 레스

응, 조금.

I don't care.
아이 돈ㅌ 케어

아무래도 좋아요.

You can think that way.
유 캔 씽크 댓 웨이

그렇게 생각할 수도 있겠죠.

Whatever you like.
와레버 유 라익

너 좋을 대로 해.

Okay, if you say so.
오케이, 이퓨 쎄이 쏘

좋아, 네가 그렇게 말한다면.

You are probably right.
유 아 프라버블리 롸잇

아마 당신 말이 맞을 겁니다.

I'll think about it.

생각해볼게요.

■ **I'd rather not say right now.**

아이드 래더 낫 쎄이 롸잇 나우

지금 말하고 싶지 않습니다.

■ **I'll think twice.**

아일 씽 투와이스

다시 생각해 볼게요.

■ **I'm not sure yet.**

아임 낫 슈어 옛

아직은 모르겠어요.

■ **I can't decide it now.**

아이 캔트 디싸이드 잇 나우

지금 당장 결정할 수 없어요.

■ **I need some time to think about it.**

아이 니드 썸 타임 투 씽크 어바웃팃

생각할 시간을 주세요.

■ **We'll discuss what we can do.**

위일 디스커스 왓 위 캔 두

어떻게 하면 좋을지 검토해 보겠습니다.

■ **I would have to think about it again.**

아이 우드 해브 투 씽크 어바웃팃 어게인

다시 그것을 생각해 봐야겠습니다.

인사와 자연스런 화제로 친해지기

PART 02

만났을 때의 인사

Good morning.

안녕하세요.

■ **Hi!**
하이

안녕!

■ **Hello!**
헬로

안녕하세요!

■ **Good morning!**
굿 모닝

안녕하세요! (아침 인사)

■ **Good afternoon!**
굿 앱터눈

안녕하세요! (낮 인사)

■ **Good evening!**
굿 이브닝

안녕하세요! (밤 인사)

■ **Good night!**
굿 나잇

안녕히 주무세요!

■ **Hi, there!**
하이, 데어

잘 있었니. (친한 사람끼리)

48

◻ Hi, sweetheart!
하이, 스윗하트

자기, 안녕!

◻ How are you?
하우 아 유

안녕하세요?

◻ Did you have a nice holiday?
디쥬 해버 나이스 할러데이

휴일 잘 보내셨어요?

◻ How are you this morning?
하우 아 유 디쓰 모닝

안녕하세요?

◻ How was your weekend?
하우 워쥬어 위켄드

주말 잘 보내셨습니까?

◻ Did you have a nice evening?
디쥬 해버 나이스 이브닝

어제 저녁은 괜찮았습니까?

◻ Are you feeling any better today?
아 유 필링 에니 베터 트데이

오늘은 좀 괜찮으세요?

◻ Do you get some good news?
두 유 겟 썸 굿 뉴스

무슨 좋은 일 있으세요?

How are you doing?

어떻게 지내세요?

■ **How are you doing?**

하우 아 유 두잉

어떻게 지내세요?

■ **I'm fine, thank you. And you?**

아임 퐈인, 땡큐. 앤듀

덕분에 잘 지냅니다. 당신은요?

■ **Hi, How are you?**

하이, 하우 아 유

안녕, 어떻게 지내니?

■ **Good, thanks. And you?**

굿, 땡스 앤듀

좋아, 너는?

■ **Just so so.**

저슷 쏘 쏘

그냥 그래.

■ **Anything new?**

에니씽 뉴

별일 없으세요?

■ **How is your business going?**

하우 이쥬어 비즈니스 고잉

사업은 잘 돼 갑니까?

50

How's your new job?
하우쥬어 뉴 잡

새로 하시는 일은 어때요?

I can't complain too much.
아이 캔트 컴플레인 투 머취

그런 대로 할 만 해요

How are you doing these days?
하우 아 유 두잉 디즈 데이즈

요즘 어떻게 지냅니까?

Well, about the same.
웰, 어바웃 더 쎄임

음.., 그저 그러네요

How have you been doing?
하우 해뷰 빈 두잉

어떻게 지냈어요?

So far so good.
쏘 퐈 쏘 굿

지금까지는 그럭저럭 지냈어요

I've been fine, thank you.
아이브 빈 퐈인, 땡큐

덕분에 아직까지는 좋습니다.

Are you making any progress?
아 유 메이킹 애니 프라그러스

일은 순조롭게 진행되어 가나요?

Nice to meet you.

처음 뵙겠습니다.

■ **How do you do?**

하우 두 유 두

처음 뵙겠습니다.

■ **Nice to meet you.**

나이스 투 밋츄

만나서 반갑습니다.

■ **I'm glad to know you.**

아임 글래드 투 노우 유

알게 되어 반갑습니다.

■ **Glad to meet you, too.**

글래드 투 밋츄, 투

저 역시 만나서 반갑습니다.

■ **I'm very glad to meet you.**

아임 베리 글래드 투 밋츄

만나 뵙게 되어 대단히 반갑습니다.

■ **I'm honored to meet you.**

아임 아너드 투 밋츄

만나 뵙게 되어 영광입니다.

■ **The pleasure is mine.**

더 플레저 이즈 마인

제가 오히려 반갑습니다.

It's been a long time.

오랜만입니다

■ **Long time no see.**

롱 타임 노 씨

오랜만입니다.

■ **You haven't changed at all.**

유 해븐ㅌ 체인쥐드 앳톨

여전하군요.

■ **You've been quite a stranger.**

유브 빈 콰잇터 스트레인저

참 오랜만이군요.

■ **I haven't seen you in years.**

아이 해븐ㅌ 씬 유 인 이어즈

몇 년 만에 뵙는군요.

■ **I beg your pardon for my long silence.**

아이 벡 유어 파던 풔 마이 롱 사일런스

오랫동안 소식 전하지 못해 죄송합니다.

■ **Time flies.**

타임 플라이즈

세월 참 빠르군요.

■ **I've missed you.**

아이브 미스트 유

보고 싶었어요.

■ **What's new?**

왓츠 뉴

별고 없으십니까?

■ **It's good to see you again.**

잇츠 굿 투 씨 유 어게인

다시 만나서 반갑습니다.

■ **Our paths have finally crossed.**

아워 패쓰(스) 해브 파이널리 크로스트

또 만나게 되었군요.

■ **Hello! I haven't seen you for a while.**

헬로! 아이 해븐ㅌ 씬 유 풔러 와일

안녕! 오래간만이야.

■ **It's nice to see you again.**

잇츠 나이스 투 씨 유 어게인

다시 만나서 반갑습니다.

■ **I haven't seen you in months.**

아이 해븐ㅌ 씬 유 인 먼쓰스

몇 달만에 만나 뵙는군요.

■ **Hi, Long time no see.**

하이, 롱 타임 노 씨

오래간만입니다.

■ **I've been very busy lately.**

아이브 빈 베리 비지 레이틀리

요즘 매우 바빴습니다.

소개할 때

I'd like you to meet~.

~를 소개할게요.

■ **May I introduce myself?**

메아이 인트러듀스 마이셀프

제 소개를 할까요?

■ **Let me introduce myself.**

렛 미 인트러듀스 마이셀프

제 소개를 하겠습니다.

■ **May I have your name, please?**

메아이 해뷰어 네임, 플리즈

성함이 어떻게 됩니까?

■ **Have you two met each other yet?**

해뷰 투 멧 이치 어더 옛

두 분이 서로 인사 나누셨습니까?

■ **Mr. Smith, this is Mr. Johnson.**

미스터, 스미스, 디씨즈 미스터 쟌슨

스미스씨, 이분이 미스터 죤슨입니다.

■ **I think I've seen you before.**

아이 씽크 아이브 씬 유 비풔

전에 한번 뵌 적이 있는 것 같습니다.

■ **I'm Mr. Kim at your service.**

아임 미스터 킴 앳 유어 서비스

미스터 김입니다. 잘 부탁합니다.

I hope we become good friends.
아이 홉 위 비컴 굿 프랜즈

우리 좋은 친구가 되었으면 합니다.

I've heard a lot about you.
아이브 허드 어랏 어바웃 유

말씀 많이 들었습니다.

I wanted to see you.
아이 원티드 투 씨 유

만나 뵙고 싶었습니다.

This is my business card.
디씨즈 마이 비즈니스 카드

이건 제 명함입니다.

May I have your name card?
메아이 해뷰어 네임 카드

명함 한 장 주시겠어요?

I was very glad to meet you.
아이 워즈 베리 글래드 투 밋츄

만나서 매우 반가웠습니다.

I knew you just by name.
아이 뉴 유 저슷 바이 네임

성함은 알고 있었습니다.

Where are you from?
웨어라 유 프럼

어디서 오셨습니까(고향이 어디십니까?)

Goodbye.

잘 가세요(계세요).

□ **Good bye.**

굿바이

안녕히 가세요

□ **See you later.**

씨 유 레이터

다음에 뵙겠습니다.

□ **I'll see you later!**

아일 씨 유 레이터

다음에 또 봅시다!

□ **I'll be seeing you!**

아일 비 씨잉 유

또 봅시다!

□ **Have a good time.**

해버 굿 타임

좋은 시간 보내세요

□ **Have a good day.**

해버 굿 데이

즐거운 하루 보내세요

□ **Take care of yourself.**

테익 케어롭 유어셀프

조심해서 가세요

■Have a good trip!

해버 굿 트립

즐거운 여행되시길 바랍니다!

■I hope I can see you again.

아이 홉 아이 캔 씨 유 어게인

다시 뵙기를 바랍니다.

■Let's meet more often.

렛츠 밋 모어러픈

좀더 자주 만납시다.

■Please be back soon.

플리즈 비 백 쑨

일찍 돌아오세요.

■Take it easy!

테이킷 이지!

살펴 가세요!

■See you there, then.

씨 유 데어, 덴

그 때 거기서 봐요.

■OK. I'll see you then.

오케이. 아일 씨 유 덴

그럼 그 때 봅시다.

■Let's get together soon.

렛츠 겟 트게더 쑨

조만간에 한번 만납시다.

Let's keep in touch.

서로 연락하자.

◼ I guess I'll leave.

아이 게쓰 아일 리브

가봐야겠어요.

◼ I'll say goodbye here, then.

아일 쎄이 굿바이 히어, 덴

여기서 작별인사를 해야겠어요.

◼ I'm sorry that I have to go.

아임 쏘리 댓 아이 해브 투 고

떠나려고 하니 아쉽습니다.

◼ Well, I'd better be on my way.

웰, 아이드 베터 비 온 마이 웨이

그럼, 저 가볼게요.

◼ I'm afraid I stayed too long.

아임 어프레이드 아이 스테이드 투 롱

너무 늦은 것 같군요(너무 오래 있었네요).

◼ I must be going now.

아이 머슷 비 고잉 나우

이제 가봐야겠습니다.

◼ I enjoyed myself very much.

아이 인죠이드 마이셀프 베리 머취

마음껏 즐겼습니다.

59

I really enjoyed the meal.
아이 리얼리 인죠이드 더 밀

정말로 식사 잘 했습니다.

Well, see you later. Good bye.
웰, 씨 유 레이터. 굿 바이

그럼, 다음에 뵐게요. 안녕히 계세요.

Can't you stay a little longer?
캔츄 스테이 어 리틀 롱거

좀더 계시다 가시면 안 돼요?

Do you mean you're going now?
두 유 민 유어 고잉 나우?

지금 가신다는 말입니까?

Would you like to stay for dinner?
우쥬 라익 투 스테이 풔 디너?

계시다가 저녁 드시고 가시지 그러세요.

Can we meet again?
캔 위 밋 어게인?

다시 만날 수 있을까요?

Come again.
컴 어게인

또 오세요.

Can I give you a lift?
캔 아이 기뷰어 리프트

제가 바래다 드릴까요? (자동차로)

I have a brother and a sister.

형과 여동생이 있습니다.

■ How many people are there in your family?

하우 메니 피플 아 데어린 유어 패멀리

가족은 몇 분이나 됩니까?

■ There are five in my family.

데어라 퐈이브 인 마이 패멀리

우리 식구는 다섯 명입니다.

■ Do you have a large family?

두 유 해버 라쥐 패멀리

식구는 많습니까?

■ Please tell me about your family.

플리즈 텔 미 어바웃 유어 패멀리

가족에 대해 좀 말씀해 주시겠습니까?

■ We have a large family.

위 해버 라쥐 패멀리

우리는 대가족입니다.

■ Do you live with your parents?

두 유 리브 위듀어 페어런츠

부모님과 함께 사세요?

■ I live with my parents.

아이 리브 위드 마이 페어런츠

저는 부모님과 같이 살고 있습니다.

■ **How many brothers and sisters do you have?**

하우 메니 브라더스 앤 씨스터스 두 유 해브

형제가 몇 분이세요?

■ **Do you have any brothers and sisters?**

두 유 해버니 브라더스 앤 씨스터스

형제나 자매가 있습니까?

■ **What does your dad do?**

왓 더쥬어 대드 두

당신 아버지는 무슨 일을 하십니까?

■ **My son is in elementary school.**

마이 썬 이즈 인 엘러먼터리 스쿨

아들은 초등학생입니다.

■ **Family is important to me.**

패멀리즈 임포턴트 투 미

가족은 저에게 소중합니다.

■ **What does your husband do for a living?**

왓 더쥬어 허즈번드 두 풔러 리빙

남편은 어떤 일을 하세요?

■ **Does your wife work?**

더쥬어 와입 워크

부인이 하는 일이 있습니까?

■ **How old are your parents?**

하우 올드 아 유어 페어런츠

부모님은 연세가 어떻게 되십니까?

Where are you from?

어디 출신입니까?

■ Where are you from?

웨어라 유 프럼

고향은 어디세요?

■ I'm from Seoul.

아임 프럼 써울

서울입니다.

■ What's your nationality?

왓츄어 내셔낼러티

국적이 어디십니까?

■ Where do you come from?

웨어 두 유 컴 프럼

어디에서 오셨습니까?

■ Where did you grow up?

웨어 디쥬 그로우 업

어디에서 자라셨습니까?

■ Where were you born and raised?

웨어워 유 본 앤 레이즈드

태어나서 자란 곳이 어디입니까?

■ I grew up in Seoul.

아이 그루 업 인 써울

서울에서 자랐어요.

63

Where do you live?

어디에서 사십니까?

◼ **Where are you living now?**

웨어라유 리빙 나우

지금 어디에 살고 계세요?

◼ **Do you live far from here?**

두 유 리브 퐈 프럼 히어

여기서 먼 곳에 살고 계세요?

◼ **I'm living near here.**

아임 리빙 니어 히어

이 근처에 살고 있어요.

◼ **How long have you lived there?**

하우 롱 해뷰 리브드 데어?

그곳에서 얼마나 사셨어요?

◼ **Do you live in an apartment or in a house?**

두 유 리빈 언 어파트먼트 오어린 어 하우스

아파트에 사세요, 단독에 사세요?

◼ **What's your address?**

왓츄어 어드레스

주소가 어떻게 됩니까?

◼ **How long does it take to get there?**

하우 롱 더짓 테익 투 겟 데어

그곳까지 얼마나 걸립니까?

What's your job?

무슨 일을 하십니까?

■ **What do you do?**
왓 두 유 두

직업이 무엇입니까?

■ **What line of business are you in?**
왓 라인 옵 비즈니스 아 유 인

어떤 업종에 종사하십니까?

■ **I'm in the publishing industry.**
아임 인 더 퍼블리씽 인더스트리

출판업에 종사하고 있습니다.

■ **What type of work do you do?**
왓 타이폽 워크 두 유 두

어떤 일을 하고 계십니까?

■ **What your line?**
왓츄어 라인

어떤 일에 종사하고 계십니까?

■ **What do you do, if I may ask?**
왓 두 유 두, 이파이 메이 애슥

실례지만, 지금 어떤 일을 하고 계십니까?

■ **What's your occupation?**
왓츄어 아큐페이션

당신 직업은 무엇입니까?

■ **I'm not working now.**

아임 낫 워킹 나우

지금은 일을 하지 않습니다.

■ **What do you do there?**

왓 두 유 두 데어

거기서 무슨 일을 하세요?

■ **I'm self-employed.**

아임 셀프-임플러이드

저는 자영업자입니다.

■ **I'm a salaried worker.**

아이머 샐러리드 워커

저는 봉급생활자입니다.

■ **I'm unemployed right now.**

아임 언임플러이드 롸잇 나우

저는 지금 실업자입니다.

■ **I sell insurance on the side.**

아이 셀 인슈어런스 온 더 사이드

부업으로 보험 세일을 하고 있습니다.

■ **I'm an office worker.**

아이먼 어피스 워커

저는 사무원이에요.

■ **I'm a freelancer worker.**

아이머 프리랜서 워커

저는 프리랜서예요.

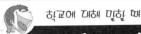

What school do you go to?

어느 학교에 다니세요?

■ **Where do you go to school?**

웨어 두 유 고 투 스쿨

어느 학교에 다니십니까?

■ **Which college are you attending?**

위치 칼리쥐 아 유 어텐딩

어느 대학에 다니십니까?

■ **What school did you graduate from?**

왓 스쿨 디쥬 그래쥬에잇 프럼?

어느 학교를 졸업하셨습니까?

■ **I'm a student at Seoul National University.**

아이머 슈튜던(트) 앳 써울 내셔널 유니버서티

저는 서울대학생입니다.

■ **You're three years ahead me.**

유어 쓰리 이어즈 어헤드 미

저보다 3년 선배이시군요

■ **What year are you in?**

왓 이어 아 유 인

몇 학년이세요?

■ **I'm a senior.**

아이머 씨니어

대학교 4학년입니다.

■ **What was your major at college?**

왓워즈 유어 메이져랫 칼리쥐

대학교 때 전공이 무엇이었습니까?

■ **What are you majoring at?**

워라유 메이져링 앳

무얼 전공하십니까?

■ **I'm majoring at Education.**

아임 메이져링 앳 에듀케이션

교육학을 전공하고 있습니다.

■ **He is a college drop out.**

히 이저 칼리쥐 드롭 아웃

그는 대학중퇴자입니다.

■ **He worked his way through college.**

히 웍트 히즈 웨이 쓰루 칼리쥐

그는 고학으로 대학을 나왔어요.

■ **What degree do you have?**

왓 디그리 두 유 해브

어떤 학위를 가지고 계십니까?

■ **What class are you?**

왓 클래스 아 유

몇 년도에 졸업했습니까?

■ **My son is in grade school.**

마이 썬 이즈 인 그레이드 스쿨

아들은 초등학생입니다.

How tall are you?

키는 얼마나 되세요?

■ **What's your height?**

왓츄어 하잇(ㅌ)

키가 얼마입니까?

■ **You're rather tall.**

유어 래더 톨

키가 큰 편이군요

■ **I'm a little short.**

아이머 리틀 숏

저는 키가 약간 작습니다.

■ **How much do you weigh?**

하우 머취 두 유 웨이

체중이 얼마입니까?

■ **I've gained some weight recently.**

아이브 게인드 썸 웨잇 리슨틀리

최근에 체중이 좀 늘었어요

■ **I'm overweight for my height.**

아임 오버웨잇 풔 마이 하잇(ㅌ)

키에 비해 몸무게가 많이 나갑니다.

■ **She's tall and slender.**

쉬즈 톨 앤 슬렌더

그녀는 키가 크고 날씬합니다.

69

He's well-built.
히즈 웰-빌트

그는 체격이 좋습니다.

You look great today.
유 룩 그레잇 투데이

오늘은 멋져 보이시는군요

You are handsome.
유 아 핸섬

미남이시군요.

You are beautiful.
유 아 뷰티펄

아름다워 보이십니다.

You are in fine shape.
유 아린 퐈인 쉐입

아름다우시군요.

You have good shape.
유 해브 굿 쉐입

몸매가 날씬하군요.

You look so young.
유 룩 쏘 영

무척 젊어 보이시군요

I resemble my mother.
아이 리젬블 마이 마더

저는 어머니를 닮았습니다.

What kind of personality do you have?

당신은 어떤 성격이세요?

■ What is your personality like?

와리쥬어 퍼서낼러티 라익

당신의 성격은 어떻습니까?

■ What's his personality like?

왓츠 히즈 퍼서낼러티 라익

그는 성격이 어때요?

■ What are your weaknesses?

워라유어 위크니시스

당신의 약점은 무엇입니까?

■ What are your merits?

워라유어 메릿츠

당신의 장점은 무엇입니까?

■ How kind of you!

하우 카인돕 유

참 친절하시군요.

■ You are interesting.

유 아 인트러스팅

당신은 재미있는 사람이군요.

■ You're quite a gentleman.

유어 콰이터 젠틀먼

당신은 정말 신사이군요.

71

■ **You're really nice guy.**

유어 리얼리 나이스 가이

당신은 정말 좋은 분이에요

■ **You are my kind of man.**

유 아 마이 카인돕 맨

저는 당신 같은 사람이 좋아요

■ **You're a bighearted person.**

유어러 빅하티드 퍼슨

당신은 정말 너그러우시군요

■ **You're a well-rounded person.**

유어러 웰-라운디드 퍼슨

성격이 원만하시군요

■ **You are so sweet.**

유 아 쏘 스윗

정말 상냥하시군요

■ **You are so active.**

유 아 쏘 액티브

당신은 적극적이군요

■ **I'm sort of an optimist.**

아임 소톱 언 압터미스트

낙천적인 편입니다.

■ **You have a good sense of humor.**

유 해버 굿 센솝 유머

당신은 유머 감각이 좋으시군요

I have no sens of humor.
아이 해브 노 센숩 유머

저는 유머 감각이 없습니다.

I'm always on the move.
아임 올웨이즈 온 더 무브

저는 늘 활동적입니다.

I'm sociable.
아임 소셔블.

저는 사교적입니다.

I think I'm introvert.
아이 씽크 아임 인트러버트

내성적이라고 생각합니다.

I'm not really sociable.
아임 낫 리얼리 소셔블

저는 별로 사교적이지 않습니다.

I have a quick temper.
아이 해버 퀵 템퍼

저는 성미가 급합니다.

I tend to be withdrawn.
아이 텐드 투 비 윗드론

저는 소극적인 편입니다.

He's only out for himself.
히즈 온리 아웃 풔 힘셀프

그는 자신밖에 모릅니다.

What's your favorite pastime?

무엇에 관심이 많나요?

◾ **What is your hobby?**

와리쥬어 하비

취미가 뭡니까?

◾ **I go in for stamp collecting.**

아이 고 인 풔 스탬프 컬렉팅

우표 수집을 좋아합니다.

◾ **What are you interested in?**

워라유 인트러스티드 인

무엇에 흥미가 있으세요?

◾ **Do you have any particular hobbies?**

두 유 해버니 퍼티큘러 하비스

특별한 취미가 있습니까?

◾ **My hobby is listening to music.**

마이 하비즈 리스닝 투 뮤직

제 취미는 음악 감상입니다.

◾ **My interests are varied.**

마이 인트러스츠 아 배리어드

저의 취미는 다양해요.

◾ **I have little interest in those things.**

아이 해브 리틀 인트러스트 인 도즈 씽스

저는 그런 일에는 별로 취미가 없습니다.

스포츠에 대해 말할 때

What sports do you like?

어떤 스포츠를 좋아하세요?

■ **What's your favorite sport?**

왓츄어 페이버릿 스퍼츠

좋아하는 스포츠가 뭡니까?

■ **Do you like to exercise?**

두 유 라익 투 엑서싸이즈

운동하는 걸 좋아합니까?

■ **What sports are you good at?**

왓 스퍼츠 아 유 굿 앳

무슨 스포츠를 잘하세요?

■ **May I ask your favorite sport?**

메아이 애스큐어 페이버릿 스퍼츠

좋아하는 스포츠를 여쭤봐도 될까요?

■ **I like playing sports.**

아이 라익 플레잉 스퍼츠(스)

나는 운동하는 걸 좋아합니다.

■ **I'm sports nut.**

아인 스퍼츠(스) 넛

저는 스포츠광입니다.

■ **How often do you work out?**

하우 오픈 두 유 워카웃

당신은 얼마나 자주 운동을 하세요?

■ **He's got good motor skills.**
히즈 갓 굿 모터 스킬스

그는 운동신경이 발달되었습니다.

■ **I'm not very good at sports.**
아임 낫 베리 굿 앳 스퍼츠(스)

저는 운동을 잘 못합니다.

■ **I'm not interested in sports.**
아임 낫 인트러스티드 인 스퍼츠(스)

나는 스포츠에 관심이 없습니다.

■ **I love winter sports.**
아이 러브 윈터 스퍼츠(스)

나는 겨울 스포츠를 좋아합니다.

■ **I like basketball best of all sports.**
아이 라익 배스킷볼 베슷 옵 올 스퍼츠(스)

나는 스포츠 중에 농구를 가장 좋아합니다.

■ **Jogging is good your health.**
쟈깅 이즈 굿 유어 헬쓰

조깅은 건강에 좋습니다.

■ **Can you play tennis?**
캔 유 플레이 테니스

테니스 칠 줄 아세요?

■ **Do you enjoy skiing?**
두 유 인죠이 스키잉

스키를 좋아하세요?

I like to watch sports.
스포츠 관전을 좋아합니다.

■ Is the game on tonight?
이즈 더 게임 온 트나잇

오늘밤 그 경기가 (텔레비전에) 중계되나요?

■ When is it on?
웨니즈 잇톤?

언제 중계됩니까?

■ Is this game live?
이즈 디스 게임 라이브

이 게임은 실황중계입니까?

■ Which team looks like it will win?
위치 팀 룩스 라익킷 윌 윈?

어느 팀이 이길 것 같습니까?

■ What's the score?
왓츠 더 스코어

점수가 어떻게 됐어요?

■ Who's winning?
후즈 위닝

누가 이기고 있죠?

■ Our team's still ahead of the game.
아워 팀즈 스틸 어헤돕 더 게임

우리 팀이 아직 앞서고 있어요.

Who won the game?
후 원 더 게임

그 경기 누가 이겼죠?

The game ended in a tie.
더 게임 엔디드 이너 타이

그 경기는 무승부로 끝났어요.

Was the game worth watching?
워즈 더 게임 워쓰 왓칭

그 시합 볼 만하던가요?

What team are you pulling for?
왓 팀 아 유 풀링 풔

당신은 어느 팀을 응원하고 있지요?

How did the game turn out?
하우 디드 더 게임 턴 아웃

시합 결과는 어떻게 되었나요?

We won the game 3 to nothing.
위 원 더 게임 쓰리 투 낫씽

우리가 3:0으로 승리했어요.

We lost the game 2 to 5.
위 로슷 더 게임 투 투 파이브

우리는 2:5로 패배했어요.

The game was very close.
더 게임 워즈 베리 클로우즈

매우 접전이었어요.

What kind of movies do you like?

어떤 영화를 좋아하세요?

◼ **What kind of movies do you like?**

왓 카인돕 무비즈 두 유 라익

어떤 영화를 좋아하세요?

◼ **I like action movies.**

아이 라익 액션 무비즈

액션 영화를 좋아합니다.

◼ **I like thrilling movies.**

아이 라익 스릴링 무비즈

스릴 있는 영화를 좋아합니다.

◼ **Do you go to the movies very often?**

두 유 고 투 더 무비즈 베리 오픈

영화를 자주 보러 갑니까?

◼ **We go to the theater sometimes.**

위 고 투 더 씨어터 썸타임즈

우리는 가끔 극장에 갑니다.

◼ **I seldom go to the movies.**

아이 셀덤 고 투 더 무비즈

좀처럼 극장에 가지 않습니다.

◼ **I'm a film buff.**

아이머 필름 버프

저는 영화광입니다.

I saw that movie on TV.
아이 쏘 댓 무비 온 티비

그 영화를 텔레비전에서 봤어요.

What kind of films do you enjoy watching?
왓 카인돕 필름스 두 유 인죠이 왓칭

어떤 종류의 영화를 즐겨 보십니까?

Who do you like best among movie stars?
후 두 유 라익 베슷 어멍 무비 스타즈

영화배우 중에서 누구를 가장 좋아하세요?

How often do you rent video tapes?
하우 오픈 두 유 렌트 비디오 테입스

비디오테이프를 얼마나 자주 빌려 보세요?

Who is starring in the movies?
후 이즈 스타링 인 더 무비즈

그 영화의 주연은 누구입니까?

What's on at the theater?
왓츠 온 앳 더 씨어터

극장에서 무엇을 상영하고 있나요?

What was the movies you saw lately?
왓 워즈 더 무비즈 유 쏘 레이틀리

최근에 본 영화는 무엇입니까?

Do you want to see a movies?
두 유 원ㅌ 투 씨 어 무비즈

영화를 보러 가실래요?

What kind of music do you like?

어떤 음악을 좋아하세요?

■ **What kind of music do you like?**

왓 카인돕 뮤직 두 유 라익

어떤 음악을 좋아하세요?

■ **What kind of music do you listen to?**

왓 카인돕 뮤직 두 유 리슨 투?

어떤 종류의 음악을 들으세요?

■ **My hobby is listening to music.**

마이 하비즈 리스닝 투 뮤직

취미는 음악감상입니다.

■ **I enjoy listening to music.**

아이 인죠이 리스닝 투 뮤직

음악 듣는 것을 즐깁니다.

■ **I have no ear for music.**

아이 해브 노 이어 풔 뮤직

음악을 잘 몰라요.

■ **Who is your favorite singer?**

후 이쥬어 페이버릿 씽어

좋아하는 가수가 누구예요?

■ **What's your favorite song?**

왓츄어 페이버릿 쏭?

좋아하는 노래는 무엇입니까?

That music is not to my taste.
댓 뮤직 이즈 낫 투 마이 테이슷(트)

그 음악은 내 취향에 맞지 않습니다.

I listen to any kind of music.
아이 리슨 투 에니 카인돕 뮤직

다양한 음악을 듣습니다.

Which instrument do you play?
위치 인스트러먼트 두 유 플레이

어떤 악기를 연주하세요?

I'm poor at singing.
아임 푸어랫 씽잉

저는 노래는 못해요.

I'm tone-deaf.
아임 톤-데프

저는 음치입니다.

Could you sing a song?
쿠쥬 씽 어 쏭

노래 한 곡 불러 주시겠어요?

Just look at this picture.
저슷 루캣 디쓰 픽쳐

이 그림 한번 보세요.

Who is it by?
후 이짓 바이?

그건 누구 작품이죠?

I like painting.
아이 라익 페인팅

저는 그림 그리기를 좋아합니다.

I enjoy looking at art collections.
아이 인죠이 룩킹 앳 아트 컬렉션스

저는 미술 작품 감상을 좋아합니다.

I enjoy watercolors.
아이 인죠이 워터컬러즈

저는 수채화를 즐깁니다.

I often go to art galleries.
아이 오픈 고 투 아트 갤러리즈

미술관에 자주 갑니다.

How did you start painting?
하우 디쥬 스타트 페인팅

어떻게 그림을 그리게 되셨습니까?

What a beautiful piece of work!
왓어 뷰티펄 피숩 워크

정말 아름다운 작품인데요!

Who's your favorite artist?
후쥬어 페이버릿 아티스트

좋아하는 화가는 누군가요?

You draw fairly well.
유 드로우 페어리 웰

그림을 아주 잘 그리시군요.

Do you read a lot of books?

책은 많이 읽습니까?

■ Do you read a lot?

두 유 리드 어랏

책을 많이 읽으십니까?

■ What kind of books do you like to read?

왓 카인돕 북스 두 유 라익 투 리드

어떤 책을 즐겨 읽으십니까?

■ How many books do you read a month?

하우 메니 북스 두 유 리더 먼쓰

한 달에 책을 몇 권 정도 읽습니까?

■ This book is dull reading.

디스 부키즈 덜 리딩

이 책은 재미없어요.

■ This book bores me.

디스 북 보어즈 미

이 책은 지루해요.

■ I gave it the once-over.

아이 게이빗 디 완스-오버

한번 훑어 봤어요.

■ She is a bookworm.

쉬 이저 북웜.

그녀는 책벌레입니다.

Who is your favorite author?

후 이쥬어 페이버릿 오써

좋아하는 작가는 누구입니까?

What's the current bestseller?

왓츠 더 커런트 베스트셀러

요즘 베스트셀러는 무엇입니까?

Have you read any good books recently?

해뷰 리드 에니 굿 북스 리쓴틀리

요즘 좋은 책 읽을 게 있나요?

Which paper do you read?

위치 페이퍼 두 유 리드

무슨 신문을 보십니까?

Have you seen today's paper?

해뷰 씬 트데이즈 페이퍼

오늘 신문을 보셨어요?

I read only the headlines.

아이 리드 온리 더 헤드라인스

저는 기사 제목들만 봐요.

What kind of magazine do you like?

왓 카인돕 매거진 두 유 라익

어떤 잡지를 좋아합니까?

I subscribe to a motor magazine.

아이 썹스크라이브 투 어 모터 매거진

자동차 잡지를 구독합니다.

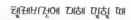
텔레비전에 대해 말할 때

What are your favorite programs?

어떤 프로그램을 좋아하세요?

■ **Do you watch TV often?**

두 유 왓치 티비 오픈

텔레비전을 자주 보세요?

■ **Which program do you enjoy most?**

위치 프로그램 두 유 인죠이 모슷(ㅌ)

어떤 텔레비전 프로그램을 좋아하십니까?

■ **When is it on?**

웨니즈 이톤

그게 언제 방송되죠?

■ **Are they televising it?**

아 데이 텔러바이징 잇

그것을 텔레비전으로 중계하나요?

■ **What's on TV?**

왓츠 온 티비

지금 텔레비전에서 무엇을 하죠?

■ **What's on next?**

왓츠 온 넥슷(ㅌ)

다음 프로가 무엇이죠?

■ **Where's the remote control?**

웨어즈 더 리모트 컨트럴

리모콘이 어디 있죠?

멋에 대해 말할 때

I'm interested in fashion.

패션에 흥미가 있습니다.

■ Do I look all right?

두 아이 룩콜 롸잇

괜찮아 보입니까?

■ That dress really looks good on you.

댓 드레스 리얼리 룩스 굿 온 유

그 옷이 당신한테 정말 잘 어울리는군요

■ I'm always wanted to wear these clothes.

아임 올웨이즈 원팃 투 웨어 디즈 클로우즈

저는 늘 이 옷을 입어요.

■ I'm extremely sensitive to fashion.

아임 익스트림리 센서티브 투 패션

저는 패션에 매우 민감해요.

■ I'm carefree about how I dress.

아임 케어프리 어바웃 하우 아이 드레스

저는 복장에 대해 신경을 안 써요.

■ Do I look fashionable?

두 아이 룩 패셔너블

유행스럽게 보입니까?

■ You're very stylish.

유어 베리 스타일리쉬.

아주 멋쟁이시군요

■ **What do you think of my outfit?**

왓 두 유 씽콥 마이 아웃핏

내 복장 어때요?

■ **You're very fashionable.**

유어 베리 패셔너블

옷 입는 감각이 아주 좋으시군요

■ **You have an eye for fashion.**

유 해번 아이 풔 패션

당신은 패션에 안목이 있으십니다.

■ **I'm not concerned about how I look.**

아임 낫 컨썬드 어바웃 하우 아이 룩

저는 외모에 신경 쓰지 않습니다.

■ **I like to wear casual clothes.**

아이 라익 투 웨어 캐쥬얼 클로우즈

저는 캐주얼웨어를 입는 것을 좋아합니다.

■ **The design is loud.**

더 디자인 이즈 라우드

옷차림이 야한데요

■ **It makes you look young.**

잇 메익스 유 룩 영

그걸 입으니 젊어 보입니다.

■ **I don't care too much about clothing.**

아이 톤ㅌ 케어 투 머취 어바웃 클로우딩

입는 것에는 별로 구애를 안 받아.

Do you have a driver's license?

운전면허는 있습니까?

■ **Please fasten your seat belt.**

플리즈 패슨 유어 씻 벨트

안전벨트를 매세요

■ **Please turn on the air conditioning.**

플리즈 턴 온 디 에어 컨디셔닝

에어컨 좀 켜 주세요.

■ **Kill the radio.**

킬 더 레이디오우

라디오 좀 꺼 주세요.

■ **I can't find the door latch.**

아이 캔트 파인드 더 도어 래취

문 잠금 장치를 찾을 수 없어요

■ **Slow down.**

슬로우 다운

속도 좀 줄이세요

■ **Watch out!**

왓치 아웃

조심해요!

■ **Could you speed up?**

쿠쥬 스피덥

속도 좀 내 주실래요?

■ **You're going to get a speeding ticket.**

유어 고잉 투 겟터 스피딩 티켓

그러다간 과속 딱지 떼일 거야.

■ **What are you, a backseat driver?**

워라유 어 백씨트 드라이버

간섭 좀 그만해.

■ **I don't drive well at night.**

아이 돈ㅌ 드라이브 웰 앳 나잇

밤에는 운전을 잘 못합니다.

■ **I seem to be lost.**

아이 씸 투 비 로슷(ㅌ)

길을 잃은 것 같아요.

■ **Do you know where we are?**

두 유 노우 웨어 위 아

우리가 어디에 있는지 알아요?

■ **Get over in the right line.**

겟 오버 인 더 롸잇 라인

우측 차선으로 들어가세요.

■ **Why don't you ask somebody for directions?**

와이 돈츄 애슥 썸바디 풔 디렉션스

누구에게 길을 물어보지 그래요?

■ **What's the holdup? Can you see?**

왓츠 더 홀덥? 캐뉴 씨

왜 더 이상 못 가고 밀리는 거죠? 보여요?

How do you spend your leisure time?

여가를 어떻게 보내세요?

■ What do you usually do on weekend?

왓 두 유 유쥬얼리 두 온 위켄드

주말에는 주로 무엇을 합니까?

■ How do you spend your leisure time?

하우 두 유 스펜드 유어 리저 타임

여가를 어떻게 보내세요?

■ What do you do for relaxation?

왓 두 유 두 풔 릴랙세이션

기분전환으로 무얼 하십니까?

■ Do you have any plans for the weekend?

두 유 해버니 플랜스 풔 더 윅켄드

휴일에 무얼 하실 겁니까?

■ What are you going to do for the holiday?

워라유 고잉 투 두 풔 더 할러데이

주말에 무슨 계획이 있으세요?

■ I'm just staying at home.

아임 저슷 스테잉 앳 홈

그저 집에 있을 겁니다.

■ What do you do when you have time off?

왓 두 유 두 웬 유 해브 타임 오프

일과 후에 무엇을 하세요?

■ **Do you take any kind of lessons?**

두 유 테익 에니 카인돕 레슨스

뭔가 배우고 있나요?

■ **I'm learning flower arrangement.**

아임 러닝 플라워 어레인쥐먼트

꽃꽂이를 배우고 있습니다.

■ **I have my lesson once a week.**

아이 해브 마이 레슨 완스 어윅

1주일 한 번 강습이 있습니다.

■ **It's fun to learn something I didn't know.**

잇츠 펀 투 런 썸씽 아이 디든트 노우

지금까지 몰랐던 것을 배우는 것은 재미있습니다.

■ **There're so many things to learn.**

데어러 쏘 메니 씽스 투 런

배울 게 많이 있습니다.

■ **I've taken up swimming lessons.**

아이브 테이컨 업 스위밍 레슨스

수영교실에 다니기 시작했습니다.

■ **I've decided to go to dance lessons.**

아이브 디싸이딧 투 고 투 댄스 레슨스

무용학원에 다니기로 했습니다.

■ **I should have started sooner.**

아이 슈드 해브 스타티드 쑤너

좀더 일찍 시작해야 했어요.

일상생활 속에서 영어 만나기

PART 03

Are you awake?

일어났니?

■ **Get up soon.**

겟업 쑨

빨리 일어나거라.

■ **It's time to get up!**

잇츠 타임 투 겟업

일어날 시간이야!

■ **I'm still sleepy.**

아임 스틸 슬리피

아직 졸려요.

■ **Did you sleep well?**

디쥬 슬립 웰

잘 잤니?

■ **Are you awake?**

아 유 어웨익

일어났니?

■ **I had a bad dream.**

아이 해더 뱃 드림

악몽을 꿨어.

■ **Did you stay up late last night?**

디쥬 스테이 업 레잇 라슷 나잇

어젯밤 날샜니?

밖에 나갈 때

I'm leaving.
다녀올게요.

◼ It's time to eat breakfast.
잇츠 타임 투 잇 브랙퍼슷(ㅌ)

아침 먹을 시간이야.

◼ Did you brush your teeth?
디쥬 브러쉬 유어 티쓰

이를 닦았니?

◼ What should I wear?
왓 슈다이 웨어

무얼 입을까?

◼ Would you go and get the newspaper?
우쥬 고 앤 겟 더 뉴스페이퍼

신문 좀 가져오겠니?

◼ Hurry up and get dressed.
허리 업 앤 겟 드레스트

빨리 옷 갈아입어라.

◼ What time will you come home today?
왓 타임 윌 유 컴 홈 트데이

오늘은 몇 시에 돌아오니?

◼ I'm leaving. Bye mom!
아임 리빙 바이 맘

다녀오겠습니다.

Clean up the room.
방을 치우거라.

■ **Would you take out the garbage?**
우쥬 테이카웃 더 가비쥐

쓰레기 좀 버릴래?

■ **I need to do my laundry today.**
아이 니드 투 두 마이 런드리 트데이

세탁을 해야겠는데.

■ **Clean up the room.**
클리넙 더 룸

방을 치우거라.

■ **What are you doing today?**
워라유 두잉 트데이

오늘은 무얼 하니?

■ **Do the dishes!**
두 더 디쉬즈

설거지하거라!

■ **I'll dry the dishes.**
아윌 드라이 더 디쉬즈

내가 접시를 닦을게요.

■ **Take care of my brother and sister.**
테익 케어롭 마이 브라더 앤 씨스터

동생들 좀 보거라.

귀가할 때

I'm home.

다녀왔습니다.

■ Welcome home!
웰컴 홈

어서 오세요!

■ Did you have a good time?
디쥬 해버 굿 타임

오늘은 즐거웠니?

■ How was your day?
하우 워쥬어 데이

오늘은 어땠어요?

■ Where's my snack?
웨어즈 마이 스낵

간식은 어디 있어요?

■ The bath is ready.
더 배쓰 이즈 레디

목욕물이 준비됐어요

■ I'm taking a shower.
아임 테이킹 어 샤워

샤워 좀 할까.

■ It's good to be home.
잇츠 굿 투 비 홈

역시 집이 좋군.

97

저녁을 먹을 때

What's for dinner tonight?

오늘 저녁은 뭐예요?

◘ What would you like for dinner?

왓 우쥬 라익 풔 디너

저녁은 무얼로 할까요?

◘ It's time to eat.

잇츠 타임 투 잇

밥 먹을 시간이야.

◘ Did you wash your hands well?

디쥬 워쉬 유어 핸즈 웰

손은 깨끗이 씻었니?

◘ Let's eat.

렛츠 잇

어서 먹어요.

◘ Please go ahead.

플리즈 고 어헤드

드세요.

◘ Finish up your plate.

피니쉬 업 유어 플레잇

남기지 말고 먹거라.

◘ It was very delicious. Thank you.

잇워즈 베리 딜리셔스 땡큐

맛있게 잘 먹었습니다.

I'm going to take a bath.

목욕을 할게요.

◻ I'm watching TV.

아임 워칭 티비

텔레비전 보고 있어요.

◻ Are there any good programs on TV?

아 데어레니 굿 프로그램스 온 티비

무슨 재미있는 프로그램을 하니?

◻ I want to watch more TV.

아이 원ㅌ 투 와치 모어 티비

텔레비전을 더 보고 싶어요.

◻ Did you do your homework?

디쥬 두 유어 홈웍

숙제는 했니?

◻ Are you ready for tomorrow?

아 유 레디 풔 터마로우

내일 준비는 했니?

◻ Where's the evening paper?

웨어즈 디 이브닝 페이퍼?

석간은 어디에 있니?

◻ Turn off the TV now.

턴 오프 더 티비 나우

텔레비전을 끄거라.

How shall I spend day today?

오늘은 어떻게 보내지?

◼ **I want to take a nap.**

아이 원ㅌ 투 테이커 냅

낮잠을 자고 싶군.

◼ **I need to take a little rest.**

아이 니드 투 테이커 리틀 뤠슷(ㅌ)

조금 쉬어야겠어.

◼ **How shall I spend day today?**

하우 쉘 아이 스펜드 데이 트데이

오늘은 어떻게 보내지?

◼ **Maybe I should stop by a bookstores.**

메이비 아이 슈드 스탑 바이 어 북스토어스

서점에라도 들를까.

◼ **Help me clean up the house.**

핼프 미 클리넙 더 하우스

청소 좀 도와줘요.

◼ **Let's go grocery shopping.**

렛츠 고 그로우서리 샤핑

슈퍼에 물건 사러 가자.

◼ **Let's eat out tonight.**

렛츠 잇 아웃 트나잇

오늘밤은 외식하자.

잠잘 때

I'll get in bed early tonight.

오늘밤은 일찍 자야지.

◻ **Hurry up and go to sleep.**

허리 업 앤 고 투 슬립

일찍 자거라.

◻ **Good night.**

굿 나잇

잘 자라.

◻ **I'll get in bed early tonight.**

아일 겟틴 베드 어얼리 트나잇

오늘은 일찍 자자.

◻ **Are you still up?**

아 유 스틸럽

아직 안 자니?

◻ **It's time to go to bed.**

잇츠 타임 투 고 투 베드

이제 잘 시간이다.

◻ **I have to get up early tomorrow morning.**

아이 해브 투 겟텁 어얼리 터마로우 모닝

내일은 일찍 일어나야 해.

◻ **Will you turn off the light?**

윌 유 턴 오프 더 라잇(ㅌ)

전기 좀 꺼줄래?

What time do you get off work today?
오늘 일은 몇 시에 끝나니?

■ **How do you get to work?**
하우 두 유 겟 투 웍

어떻게 출근하세요?

■ **I usually take the subway to work.**
아이 유쥬얼리 테익 더 섭웨이 투 웍

대개 지하철을 이용해서 출근해요.

■ **How long does it take you to commute?**
하우 롱 더짓 테익큐 투 커뮤트

출근하는 데 시간이 얼마나 걸려요?

■ **What time do you report to work?**
왓 타임 두 유 리폿 투 웍

몇 시까지 출근합니까?

■ **I come to the office at nine o'clock every morning.**
아이 컴 투 디 아피스 앳 나인 어클락 에브리 모닝

매일아침 9시에 출근합니다.

■ **The office is near to my house.**
디 아피씨즈 니어 투 마이 하우스

사무실이 집에서 가까워요.

■ **Haven't you ever been late for work?**
해븐츄 에버 빈 레잇 풔 웍

지각한 적은 없습니까?

■ **What time so you punch out?**
왓 타임 쏘 유 펀취 아웃

몇 시에 퇴근하십니까?

■ **What time do you get off work today?**
왓 타임 두 유 겟 오프 웍 트데이

오늘은 몇 시에 일이 끝납니까?

■ **I have to work overtime today.**
아이 해브 투 웍 오버타임 트데이

오늘은 잔업을 해야 합니다.

■ **How long does your vacation last?**
하우 롱 더쥬어 베이케이션 래슷(ㅌ)

휴가 기간은 얼마나 됩니까?

■ **When does your vacation start?**
웬 더쥬어 베이케이션 스탓(ㅌ)

당신의 휴가는 언제 시작되죠?

■ **When are you leaving for your vacation?**
웨나유 리빙 풔 유어 베이케이션

휴가는 언제 떠나세요?

■ **My vacation begins tomorrow.**
마이 베이케이션 비긴스 터마로우

저는 내일부터 휴가예요.

■ **Have you planned your vacation yet?**
해뷰 플랜드 유어 베이케이션 옛

휴가 계획을 세우셨어요?

부탁할 때

Please.
부탁합니다.

■ **Can I ask you a favor?**
캔 아이 애스큐 어 페이버

부탁 하나 해도 될까요?

■ **Excuse me. Would you do me a favor?**
익스큐즈 미. 우쥬 두 미 어 페이버

실례합니다. 부탁 하나 들어 주시겠어요?

■ **I have a big favor to ask you.**
아이 해버 빅 페이버 투 애스큐

꼭 부탁드릴 게 하나 있습니다.

■ **May I bother you for a moment?**
메아이 바더 유 풔러 모우먼트

잠시 폐를 끼쳐도 될까요?

■ **Could I ask you to do something for me?**
쿠다이 애스큐 투 두 썸씽 풔 미

부탁을 좀 드려도 될까요?

■ **May I join you?**
메아이 죠인 유

제가 좀 끼어도 될까요?

■ **May I interrupt you for a second?**
메아이 인터럽트 유 풔러 세컨드

잠시 시간 좀 내 주시겠어요?

Would you like to join me?
우쥬 라익 투 죠인 미

저와 함께 가실래요?

I hope I'm not in the way.
아이 홉 아임 낫 인 더 웨이

방해가 되지 않을지 모르겠군요.

May I have your address?
메아이 해뷰어 어드레스

주소 좀 가르쳐 주시겠어요?

Can you take my place for a while?
캔 유 테익 마이 플레이스 풔러 와일

잠깐 제 대신 좀 해 주시겠어요?

Stick with me, please.
스틱 위드 미, 플리즈

제 곁에 있어주세요.

Please make sure.
플리즈 메익 슈어

확인 좀 해 주세요.

I would like to vacate tomorrow.
아이 우드 라익 투 베이케잇 터마로우

내일은 쉬고 싶습니다.

Please leave me alone.
플리즈 리브 미 얼론

제발 저 좀 내버려두세요.

I'd be happy to help you.
기꺼이 도울게

■ **Sure.**
슈어

물론이죠.

■ **I'd be glad to.**
아이드 비 글래드 투

기꺼이 그러죠.

■ **Sure, if I can. What is it?**
슈어, 이파이 캔, 와리즈 잇

물론이죠. 가능하다면요. 뭔데요?

■ **Yes, certainly.**
예쓰, 써튼리

예, 그러지요.

■ **With great pleasure.**
위드 그레잇 플레져

힘껏 해 보겠습니다.

■ **I'll do my best for you.**
아일 두 마이 베슷 풔 유

기꺼이.

■ **Go ahead.**
고 어헤드

그렇게 하세요.

Of course.
옵 코스

그렇고말고요.

No problem.
노 프라블럼

그럼요(문제없어요).

It's no big deal.
잇츠 노 빅 딜

뭐, 그 정도쯤이야.

Be my guest.
비 마이 게스트

그렇게 하세요. (서슴지 않고 부탁을 들어줄 때)

You name it and I've got it.
유 네임 잇 앤 아이브 갓팃

뭐든지 말씀만 해 보십시오. 다 있을 겁니다.

I'll do anything I can.
아일 두 에니씽 아이 캔.

가능한 일이라면 무엇이든 할게.

Anything you say.
에니씽 유 쎄이

네가 말한 대로 할게.

Leave it to me.
리브 잇 투 미

나에게 맡겨.

I'm afraid can't do that.
유감스럽지만 그건 할 수 없어.

■ **I'd rather not.**
아이드 래더 낫

안 되겠는데요.

■ **I'm sorry, but I can't now.**
아임 쏘리, 벗 아이 캔트 나우

미안하지만, 지금은 안 되겠는데요.

■ **I don't want to do that.**
아이 돈트 원트 투 두 댓

하고 싶지 않아요.

■ **Maybe some other time.**
메이비 썸 어더 타임

다음에 언제 기회가 있겠죠.

■ **You asked me at a bad time, John.**
유 애스크트 미 애터 배드 타임, 쟌

쟌, 애매할 때 부탁하는군요.

■ **I said no and I mean it.**
아이 새드 노 앤 아이 미닛

안 된다고 했죠.

■ **I just can't do it.**
아이 저슷 캔트 두 잇

안 되는 건 안 돼.

May I come in?

들어가도 됩니까?

■ **May I ask you a question?**

메아이 애스큐어 퀘스쳔?

하나 물어봐도 됩니까?

■ **Would you mind if I smoke here?**

우쥬 마인드 이파이 스모크 히어

여기서 담배를 피워도 됩니까?

■ **Yes. This is the nonsmoking section.**

예쓰, 디씨즈 더 난스모킹 섹션

안 됩니다. 이곳은 금연구역입니다.

■ **Excuse me.**

익스큐즈 미

실례합니다.

■ **Would you excuse me for a moment?**

우쥬 익스큐즈 미 풔러 모먼(트)

잠깐 실례해도 되겠습니까?

■ **Forgive me for interrupting you, but⋯.**

풔기브 미 풔 인터럽팅 유, 벗...

말씀 도중에 죄송합니다만, ...

■ **Mind if I sit here?**

마인드 이파이 싯 히어

여기 앉아도 되겠습니까?

■ **Can I borrow this book?**

캔 아이 바로우 디쓰 북

이 책을 빌릴 수 있니?

■ **Is it all right if I park here?**

이짓 올 롸잇 이파이 파크 히어?

여기에 주차를 해도 되겠습니까?

■ **Mind if I go with you?**

마인드 이파이 고 위듀

함께 가도 되니?

■ **May I sit next to you?**

메아이 씻 넥숫 투 유?

옆에 앉아도 될까요?

■ **May I take a look?**

메아이 테이커 룩

잠깐 봐도 되겠어요?

■ **I'd prefer you didn't.**

아이드 프리풔 유 디든ㅌ

가능하면 그만 두었으면 해.

■ **Can I use your bathroom?**

캔 아이 유쥬어 배쓰룸

화장실을 사용해도 됩니까?

■ **Will you let me use your phone?**

윌 유 렛 미 유쥬어 폰?

전화 좀 써도 될까요?

희망할 때

I want to do that.

그렇게 하고 싶어.

■ I'd like to do that.
아이드 라익 투 두 댓

그렇게 하고 싶습니다.

■ I'd be happy to do that.
아이드 비 해피 투 두 댓

기꺼이 그렇게 하겠습니다.

■ I want you to come with me.
아이 원츄 투 컴 위드 미

함께 와 주었으면 하는데요.

■ I hope to see you again.
아이 홉 투 씨 유 어게인

다시 만나고 싶군요.

■ I hope not.
아이 홉 낫

그렇지 않으면 좋겠는데.

■ I'm eager to try again.
아임 이거 투 트라이 어게인

꼭 다시 한번 해보고 싶어요.

■ I'm dying to see her.
아임 다잉 투 씨 허

그녀를 보고 싶어 죽겠어.

Stop complaining!

불평하지마!

■ **Oh, bother it!**

오, 바더릿

아, 귀찮아.

■ **What a nuisance!**

왓어 뉴슨스

정말 귀찮군.

■ **You're very trying.**

유어 베리 트라잉

당신은 참 짜증나게 하는군요

■ **Here we go again.**

히어 위 고 어게인

또 시작이군.

■ **Why do I blamed?**

와이 두 아이 블레임드

왜 그게 제 탓이죠?

■ **Do you have something against me?**

두 유 해브 썸씽 어겐스트 미

나한테 불만 있어요?

■ **Why do I get blamed?**

와이 두 아이 겟 블레임드

왜 그게 제 탓이죠?

You're always complaining.
유어 올웨이즈 컴플레이닝

당신 또 불평이군요.

What are you complaining about?
워라유 컴플레이닝 어바웃

무엇을 불평하고 계십니까?

I'm disgusted with your attitude.
아임 디스거스티드 위듀어 애티튜드

당신 태도에 난 너무 불쾌해요.

This is pathetic.
디씨즈 퍼쎄틱

형편없어.

What are you so dissatisfied about?
워라유 쏘 디(쓰)새티스파이드 어바웃

뭐가 그렇게 불만족스러운가요?

Never grumble so!
네버 그럼블 쏘

너무 투덜거리지 마!

Why don't you give it a rest?
와이 돈츄 기브 이러 레슷(ㅌ)

너무 그러지 마.

Quit your bitching and moaning.
큇 유어 비칭 앤 모우닝

불평 불만 좀 그만 해.

난처할 때

What shall I do?
어떡하면 좋지?

■ **I have a problem.**
아이 해버 프라블럼

문제가 생겼어.

■ **That's difficult.**
댓츠 디피컬트

어렵군.

■ **I'm at a loss.**
아임 애터 로스

어떡하면 좋을지 모르겠어.

■ **I'm stuck.**
아임 스턱

꽉 막혔어.

■ **I had a hard time.**
아이 해더 하드 타임

혼쭐났어.

■ **Things couldn't be worse.**
씽스 쿠든ㅌ 비 워스

최악이야.

■ **I'm finished.**
아임 피니쉬트

이제 끝장이야.

Excuse me.

실례합니다.

You know what?
유 노우 왓

저 말이에요.

Can I have a word with you?
캔 아이 해버 워드 위듀

이야기 좀 할 수 있을까요?

I need tell you something.
아이 니드 텔 유 썸씽

말씀드릴 게 좀 있습니다.

Do you have a minute?
두 유 해버 미닛

시간 좀 있으세요?

I tell you what.
아이 텔 유 왓

드릴 말씀이 있는데요.

I'd like to have a word with you.
아이드 라익 투 해버 워드 위듀

잠깐 이야기를 나누고 싶은데요.

I have something to tell you.
아이 해브 썸씽 투 텔 유

당신에게 할 이야기가 좀 있습니다.

■ **Do you have a second?**

두 유 해버 세컨드

잠깐 이야기 좀 할까요?

■ **I want to speak to you for a moment.**

아이 원ㅌ 투 스픽 투 유 풔러 모먼(ㅌ)

할 이야기가 좀 있습니다.

■ **I'll tell it to you fast.**

아일 텔릿 투 유 패슷

잠시만 이야기하면 됩니다.

■ **May I interrupt you?**

메아이 인터럽츄

말씀 중에 잠깐 실례를 해도 될까요?

■ **Can I talk to you for a minute?**

캔 아이 토크 투 유 풔러 미닛

잠시 이야기 좀 할 수 있을까요?

■ **Sorry to interrupt, but….**

쏘리 투 인터럽, 벗...

말씀 도중에 죄송합니다만...

■ **Are you speaking to me?**

아 유 스피킹 투 미

저에게 말씀하시는 겁니까?

■ **Stop interrupting me while I'm talking.**

스탑 인터럽팅 미 와일 아임 토킹

말하는 중이니까 끼여들지 마세요.

I see.
알겠어요.

■ Is that so?
이즈 댓 쏘

그래요?

■ Yes, indeed.
예쓰 인디드

예, 그렇고말고요

■ I see.
아이 씨

알겠어요

■ I understand.
아이 언더스탠드

알겠습니다.

■ That's it.
댓츠 잇

바로 그겁니다.

■ That's good.
댓츠 굿

그거 좋군요

■ Oh, do you?
오 두 유

아, 그러세요?

■ **Oh, you did?**
오, 유 디드

아, 그러셨어요?

■ **Go ahead.**
고 어헤드

어서 말씀하세요?

■ **Not really! / You don't say so!**
낫 리얼리 / 유 돈ㅌ 쎄이 쏘

설마!

■ **Oh, that reminds me.**
오, 댓 리마인즈 미

아, 그러니까 생각이 나는군요

■ **Glad to hear that.**
글래드 투 히어 댓

그거 다행이군요

■ **That's interesting.**
댓츠 인트러스팅

그거 재미있네요.

■ **That's shame!**
댓츠 쉐임

그거 유감이군!

■ **Sorry to hear that.**
쏘리 투 히어 댓

그거 안됐군.

What did you say?

뭐라고 했지?

■ **Excuse me?**
익스큐즈 미

뭐라고요?

■ **What?**
왓

뭐라고?

■ **Beg your pardon.**
벡 유어 파든

실례합니다.

■ **Please say that again.**
플리즈 쎄이 댓 어게인

다시 한번 말씀해 주십시오

■ **You said what?**
유 쎄드 왓?

뭐라고 했지?

■ **What did you say just now?**
왓 디쥬 쎄이 저숫 나우

방금 뭐라고 말씀하셨죠?

■ **Who said that?**
후 쎄드 댓

누가 그렇게 말했니?

119

Get my drift?

알았니?

■ **Do you understand?**

두 유 언더스탠드?

알겠어요?

■ **Do you understand it?**

두 유 언더스탠딧

이해하시겠어요?

■ **Do you understand that, John?**

두 유 언더스탠드 댓, 잔

그것을 이해하겠니, 존?

■ **Do you understand what I mean?**

두 유 언더스탠드 워라이 민

제 말 뜻을 이해하시겠어요?

■ **Do you understand what I'm saying?**

두 유 언더스탠드 워라임 쎄잉

제가 하는 말을 이해하겠어요?

■ **Are you with me so far?**

아 유 위드 미 쏘 퐈

지금까지 제가 한 말을 이해하시겠어요?

■ **Do you understand the meaning?**

두 유 언더스탠드 더 미닝

무슨 뜻인지 이해하시겠어요?

Oh! I see what you mean.
오! 아이 씨 왓츄 민

아, 무슨 말씀인지 알겠습니다.

I understand.
아이 언더스탠드

이해했어요

Oh, I've got it.
오, 아이브 갓잇

아, 알겠습니다.

Oh, I see.
오, 아이 씨

아, 알겠어요.

Wow, that really tells a story.
와, 댓 리얼리 텔스 어 스토리

와, 그러니까 감이 잡히는군요.

That's understandable.
댓츠 언더스탠더블

이해할만하군요.

I understand your position.
아이 언더스탠드 유어 퍼지션

당신의 입장을 이해합니다.

Time will tell.
타임 윌 텔

시간이 지나면 알게 될 겁니다.

■ I don't understand.
아이 돈트 언더스탠드

이해가 안 됩니다.

■ I don't follow you.
아이 돈트 팔로우 유

무슨 말을 하는지 모르겠어요.

■ I couldn't make out what you mean.
아이 쿠든트 메이카웃 와츄 민

당신 말씀을 이해할 수 없습니다.

■ It's tough to figure.
잇츠 터프 투 피거

이해하기 어렵군요.

■ I can't get the hang of it.
아이 캔트 겟 더 행 오빗

도무지 감이 잡히질 않습니다.

■ You're confusing me too much.
유어 컨퓨징 미 투 머취

무슨 말인지 전혀 모르겠어요.

■ I can't make heads or tails of it.
아이 캔트 메익 헷즈 오어 테일즈 오빗

그걸 전혀 이해할 수가 없군요.

■ It's out of my depth.
잇츠 아우톱 마이 뎁스

그건 이해가 안 되는군요.

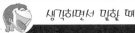
Let me see, how about Wednesday?

글쎄, 수요일은 어때?

■ **I tell you what,**

아이 텔 유 왓

있잖아요(알다시피), ...

■ **You know, …**

유 노우 …

있잖아요, ...

■ **Let me think.**

렛 미 씽크

생각 좀 해보고요

■ **Well, how should I say it?**

웰, 하우 슈다이 쎄이 잇

음, 그걸 어떻게 말해야 될까요?

■ **I would say,**

아이 우드 쎄이,

말하자면,

■ **What was I saying?**

왓 워즈 아이 쎄잉?

무슨 말을 하려고 했지?

■ **Where was I?**

웨어뤄즈 아이

어디까지 말했지?

123

To change the subject,

다른 이야기인데,

◾ **Let's change the subject.**

렛츠 체인쥐 더 서브직트

화제를 바꿉시다.

◾ **Let's talk about something else.**

렛츠 토크 어바웃 썸씽 엘스

뭔가 다른 이야기를 합시다.

◾ **Don't change the subject.**

돈ㅌ 체인쥐 더 서브직트

화제를 바꾸지 마세요.

◾ **By the way.**

바이 더 웨이

그런데.

◾ **That's another question.**

댓츠 어나더 퀘스쳔

그건 다른 이야기잖아요.

◾ **I'll take back my words.**

아일 테익 백 마이 웟즈

제가 한 말을 취소하겠습니다.

◾ **We should talk about it later.**

위 슈드 톡 어바우팃 레이터

그 이야기는 나중에 하자.

말을 개촉할 때

Tell me.

말해줘요.

■ **Tell me quick.**
텔 미 퀵(크)

빨리 말씀하세요

■ **Tell me at once.**
텔 미 앳 원스

제발 말해 주세요

■ **Say your say.**
쎄이 유어 쎄이

할말이 있으면 하세요

■ **Tell me why.**
텔 미 와이

이유를 말해 보세요

■ **Say what you want to say.**
쎄이 와츄 원트 투 쎄이

하고 싶은 말을 하세요

■ **Tell me who has said so.**
텔 미 후 해즈 쎄드 쏘

누가 그랬는지 말해 보세요

■ **And what did you say?**
앤 왓 디쥬 쎄이

그래서 당신은 뭐라고 했습니까?

■ Tell me more about it.
텔 미 모어 어바우팃

더 자세히 말해 줘.

■ I'd like to hear about it.
아이드 라익 투 히어 어바우팃

그 이야기를 듣고 싶어.

■ Say something.
쎄이 썸씽

무슨 말을 해봐.

■ I'm interested.
아임 인트러스티드

흥미가 있어요

■ What's on your mind?
왓촌 유어 마인드

무슨 생각을 하고 있니?

■ How did it go?
하우 디딧 고

어떻게 되었니?

■ Did you like it?
디쥬 라이킷

마음에 들었니?

■ What was your impression?
왓 워쥬어 임프레션

인상은 어땠니?

외국인과 자신있게 교제하기

PART 04

만나기를 권유할 때

Are you busy tomorrow?

내일은 바쁘세요?

■ **Are you free this weekend?**

아 유 프리 디쓰 위켄드

이번 주말은 어때?

■ **Are you busy tomorrow?**

아 유 비지 터마로우

내일은 바쁘니?

■ **Do you have plans for tomorrow?**

두 유 해브 플랜스 풔 터마로우

내일 무슨 예정이 있니?

■ **How about some coffee?**

하우 어바웃 썸 커퓌

커피라도 할까요?

■ **How about having dinner together?**

하우 어바웃 해빙 디너 트게더

함께 저녁이라도 할까요?

■ **Would you like to come with us?**

우쥬 라익 투 컴 위더스

함께 안 갈래요?

■ **Why don't you come over?**

와이 돈츄 컴 오버

집에 안 올래?

128

That'll be nice.

그거 좋지.

I'd love to.

아이드 러브 투

예, 기꺼이.

Sure.

슈어

물론이죠.

Yes, let's.

예쓰, 렛츠

그렇게 하자.

Sounds like fun.

싸운즈 라익 펀

재미있을 것 같은데.

I'm a bit tied up now.

아이머 빗 타이덥 나우

지금 좀 바빠요.

I haven't got time now.

아이 해븐ㅌ 갓 타임 나우

지금 시간이 없어.

Maybe some other time.

메이비 썸 어더 타임

다음 기회로 하지.

일정을 조정할 때

When is it convenient for you?

언제가 괜찮니?

■ **When shall we meet?**

웬 쉘 위 밋

언제 만날까?

■ **When are you available?**

웬 아 유 어베일러블

언제라면 비어 있니?

■ **It's up to you.**

잇첩 투 유

네 사정에 맞출게.

■ **Anytime is fine.**

에니타임 이즈 퐈인

언제든지 좋아.

■ **That's a bad day for me.**

댓처 배드 데이 풔 미

그 날은 안 돼.

■ **I'll be busy next week.**

아윌 비지 넥슷 위크

다음주는 바빠.

■ **When you have time.**

웬 유 해브 타임

네가 시간이 있을 때.

Where shall we meet?

어디서 만날까?

■ **Where is the most convenient for you?**

웨어리즈 더 모슷 컨비니언트 풔 유

어디가 가장 편하겠니?

■ **Let's meet near your office.**

렛츠 밋 니어 유어 어피스

자네 회사 근처에서 만나기로 하지.

■ **You decide where.**

유 디싸이드 웨어

네가 장소를 정해.

■ **May I bring a friend?**

메아이 브링 어 프렌드

친구를 데리고 가도 되니?

■ **Please don't be late.**

플리즈 돈ㅌ 비 레잇

늦지 말아요.

■ **Could you come to pick me up?**

쿠쥬 컴 투 픽 미 업

차로 데리러 올래?

■ **I'll see you then.**

아일 씨 유 덴

그럼, 그 때 만나자.

131

Would you like to come to my place?

우리집에 올래요?

■ Are you free this evening?

아 유 프리 디쓰 이브닝

오늘 저녁에 시간이 있나요?

■ Are you doing anything tonight?

아 유 두잉 에니씽 트나잇

오늘밤에 할 일이 있으십니까?

■ What are you doing this Saturday?

워라유 두잉 디쓰 쌔터데이

이번 토요일에 무엇을 하실 건가요?

■ Will you come to my house for dinner?

윌 유 컴 투 마이 하우스 풔 디너

저녁 식사하러 우리 집에 오실래요?

■ How about coming to my birthday party?

하우 어버웃 커밍 투 마이 버쓰데이 파티

제 생일파티에 오시는 게 어때요?

■ I'd like you to come to his farewell party.

아이드 라익큐 투 컴 투 히즈 페어웰 파티

그의 송별파티에 오셨으면 합니다.

■ Would you care to be my guest?

우쥬 케어 투 비 마이 게슷

제 초청을 받아 주시겠어요?

Thank you for your invitation.
초대해줘서 고마워요.

□ **That's great.**
댓스 그레잇

그거 좋죠.

□ **Good idea.**
굿 아이디어

좋은 생각이에요.

□ **I'd be happy to.**
아이드 비 해피 투

기꺼이 그렇게 하겠습니다.

□ **That sounds great.**
댓 사운즈 그레잇

그거 아주 좋겠는데요.

□ **Sounds nice.**
사운즈 나이스

멋진데요.

□ **That's fine with me.**
댓츠 퐈인 위드 미

저는 좋습니다.

□ **Thank you, I will.**
땡큐, 아이 윌

고맙습니다, 그러죠.

Thank you for inviting me.

땡큐 풔 인바이팅 미

초대해 주셔서 감사합니다.

I'm sorry, but I can't.

아임 쏘리, 벗 아이 캔ㅌ

죄송하지만, 그럴 수 없습니다.

I'm sorry, but I don't think I can.

아임 쏘리, 벗 아이 돈ㅌ 씽카이 캔

죄송하지만, 그럴 수 없을 것 같군요

Sorry, but I have some work to do.

쏘리, 벗 아이 해브 썸 웍 투 두

죄송하지만, 해야 할 일이 있습니다.

I'm afraid not.

아임 어프레이드 낫

유감스럽지만 안 될 것 같군요

I wish I could.

아이 위쉬 아이 쿠드

그럴 수 있다면 좋겠군요

I'd love to, but I already have plans tonight.

아이드 러브 투, 벗 아이 올레디 해브 플랜즈 트나잇

그러고 싶지만 오늘밤은 이미 계획이 있습니다.

I'd rather not this evening.

아이드 래더 낫 디쓰 이브닝

오늘 저녁은 안 되겠습니다.

This is a small gift for you.

이거 선물이야.

■ **Thank you for having me.**

땡큐 풔 해빙 미

초대해 주셔서 기쁩니다.

■ **Here's something for you.**

히어즈 썸씽 풔유

조그만 선물입니다.

■ **This is a small gift for you.**

디씨즈 어 스몰 깁트 풔 유

이거 선물이야.

■ **I'm glad you like it.**

아임 글래드 유 라이킷

마음에 든다니 기쁘군.

■ **You're living in a nice place.**

유어 리빙 이너 나이스 플레이스

집이 좋군요.

■ **You've decorated the room beautifully.**

유브 데커레이티드 더 룸 뷰티펄리

멋진 방이군요.

■ **Who is this person in the picture?**

후 이즈 디쓰 퍼슨 인 더 픽쳐

이 사진에 찍힌 사람은 누구니?

Hello, please come in.

자, 어서 와.

■ **Thank you for coming.**

땡큐 풔 커밍

와 주셔서 감사합니다.

■ **Please come in.**

플리즈 커민

어서 들어오십시오

■ **Why don't you come this way?**

와이 돈츄 컴 디쓰 웨이

이쪽으로 오시죠.

■ **Thank you for coming such a distance.**

땡큐 풔 커밍 써취 어 디스턴스

멀리서 와 주셔서 감사합니다.

■ **Did you have any trouble getting here?**

디쥬 해버니 트러블 겟팅 히어

여기 오시는 데 고생하지 않으셨어요?

■ **What would you like to drink?**

왓 우쥬 라익 투 드링

무얼 마시겠습니까?

■ **Make yourself at home.**

메익 유어셀프 앳 홈

편히 하세요

Would you care for something to drink?

마실 것 좀 들래요?

◪ Would you like something to drink?

우쥬 라익 썸씽 투 드링?

뭐 좀 마시겠습니까?

◪ Dinner is ready.

디너 이즈 레디

저녁식사 준비가 되었습니다.

◪ Do you like Korean food?

두 유 라익 코리언 푸드

한국 음식은 좋아하세요?

◪ Please come into the dining room.

플리즈 컴 인투 더 다이닝 룸

식당으로 가시지요

◪ Help yourself to anything you like.

헬프 유어셀프 투 에니씽 유 라익

맘껏 드시고 싶은 것을 드세요

◪ Go ahead and start eating.

고 어헤드 앤 스탓(ㅌ) 이팅

어서 드십시오

◪ Why don't you help yourself to some more?

와이 돈츄 헬프 유어셀프 투 썸 모어

좀더 드시지요

137

It looks good.
잇 룩스 굿

맛있어 보이는데요

Would you like some more?
우쥬 라익 썸 모어

좀더 드실래요?

Have you had enough?
해뷰 해드 이넙

많이 먹었니?

Would you like a some dessert?
우쥬 라이커 썸 디저트

디저트는 어때?

I've enough.
아이브 이넢

충분히 먹었습니다.

I'm satisfied, thank you.
아임 쌔티스파이드, 땡큐

많이 먹었습니다.

This was a wonderful dinner.
디쓰 워저 원더펄 디너

훌륭한 저녁식사였습니다.

This was a delicious meal.
디쓰 워저 딜리셔스 밀

매우 맛있는 식사였습니다.

Everyone is already here.

모두 벌써 와 있어.

▣ **It's just a small gathering.**

잇츠 저슷터 스몰 개더링

조그만 모임이야.

▣ **It's an informal get-together.**

잇천 인풔멀 겟-트게더

편한 모임이야.

▣ **Please dress casually.**

플리즈 드레스 캐쥬얼리

평상복으로 와.

▣ **Hi, come on in.**

하이, 컴 온 인

야, 들어와.

▣ **I hope you'll enjoy the party.**

아이 홉 유일 인죠이 더 파티

즐거운 파티가 되길 바래.

▣ **We have all kinds of drinks.**

위 해브 올 카인즈 옵 드링스

마실 것은 다 있어.

▣ **Do you know anybody here?**

두 유 노우 에니바디 히어

여기에 네가 아는 사람은 있니?

I had a very good time.

무척 즐거웠어.

■ I think I should be going now.

아이 씽카이 슈드 비 고잉 나우

이제 그만 실례하겠습니다.

■ Oh, I'm late. I should be going.

오, 아임 레잇. 아이 슈드 비 고잉

늦어서 가 봐야겠어요.

■ I've come to say goodbye.

아이브 컴 투 쎄이 굿바이

이만 돌아가 봐야겠어요.

■ Do you mean you're going now?

두 유 민 유어 고잉 나우

지금 가신다는 말씀이세요?

■ I had a very good time.

아이 해더 베리 굿 타임

아주 즐거웠습니다.

■ It's too bad you have to go.

잇츠 투 배듀 해브 투 고

가셔야 된다니 아쉽네요.

■ I'm glad you came.

아임 글래듀 케임

와주셔서 감사합니다.

140

I have something to talk about with you.

의논할 게 있는데요.

I'd like to hear your opinion.
아이드 라익 투 히어 유어 어피니언.

자네 의견을 듣고 싶군.

Could you give me any advice?
쿠쥬 기브 미 에니 어드바이스

어드바이스 좀 해 주시겠어요?

I don't know whom I should ask for advice.
아이 돈트 노우 홈 아이 슈드 애슥 풔 어드바이스

누구와 의논하면 좋을지 모르겠어.

Have you talked with your parents?
해뷰 토크트 위듀어 페어런츠

부모님과는 의논했니?

Let's discuss the matter.
렛츠 디스커스 더 매터

그 일에 대해 의논하자.

I'm glad you told me.
아임 글래듀 톨드 미

상담해 줘서 고마워.

Thank you. I feel a little relieved.
땡큐. 아이 필 어 리틀 릴리브드

고마워. 조금 마음이 편해졌어.

141

Mark my words.

말해두겠는데.

■ **Don't let me down.**

돈ㅌ 렛미 다운

나를 실망시키지 마세요.

■ **Keep that in mind.**

킵 댓 인 마인드

잊지 말고 기억하세요.

■ **Pocket your pride.**

포켓 유어 프라이드

자존심을 버리세요.

■ **Don't count on me.**

돈ㅌ 카운톤 미

나를 꼭 믿지는 말아요.

■ **Catch the ball before the bound.**

캐취 더 볼 비풔 더 바운드

선수를 치세요.

■ **You'd better keep early hours.**

유드 베터 킵 어얼리 아워즈

일찍 자고 일찍 일어나는 게 좋아요.

■ **Don't take what he says as face value!**

돈ㅌ 테익 왓 히 쎄즈 애즈 페이스 밸류

그의 말을 액면 그대로 받아들이지 마세요!

Watch out for the cars!
와취 아웃 풔 더 카스

자동차를 조심하세요!

Don't take it to heart.
돈ㅌ 테이킷 투 하트

그걸 너무 심각하게 받아들이지 마세요.

Be all you can be.
비 올 유 캔 비

최선을 다해라.

You'd better go by the book.
유드 베터 고 바이 더 북

규칙대로 하는 것이 좋을 겁니다.

Won't you stop cursing all the time?
원츄 스탑 커싱 올 더 타임

제발 욕 좀 그만 하세요.

Action speaks louder than words.
액션 스픽스 라우더 댄 워즈

말보다는 행동이 중요해요.

You've got to give up smoking.
유브 갓 투 기법 스모킹

담배를 끊으셔야 해요.

You must give up the idea.
유 머슷 기법 디 아이디어

당신은 그 생각을 버려야 해요.

Stay alert.
방심하지마.

■ **Don't lose your temper.**
돈ㅌ 루쥬어 템퍼

화를 내지 마세요

■ **Don't carry a joke too far.**
돈ㅌ 캐리어 죠크 투 퐈

농담을 너무 심하게 하지 말아요

■ **That's not nice.**
댓츠 낫 나이스

그러면 안 돼요

■ **You shouldn't do this.**
유 슈든ㅌ 두 디쓰

이러시면 안 되는 데요

■ **Don't take it serious.**
돈ㅌ 테이킷 씨어리어스

그걸 진담으로 듣지 마세요

■ **Please don't bother.**
플리즈 돈ㅌ 바더

개의치 마십시오

■ **Don't be afraid of making mistakes.**
돈ㅌ 비 어프레이돕 메이킹 미스테익스

실수를 할까봐 두려워 마세요

Don't stand on ceremony.
돈ㅌ 스탠돈 세러모우니

격식 따위는 따지지 마세요.

Don't ask for trouble.
돈ㅌ 애슥 풔 트러벌

쓸데없는 짓 말아요.

Don't get into bad company.
돈ㅌ 겟 인투 배드 컴퍼니

나쁜 친구들을 사귀지 마라.

Don't be too hard on him.
돈ㅌ 비 투 하돈 힘

그에게 너무 심하게 대하지 말아요.

Don't let the cat out of the bag.
돈ㅌ 렛 더 캣 아우톱 더 백

비밀을 누설하지 마세요.

Let's smoke a peace-pipe.
렛츠 스모커 피스-파이프

이제 싸움을 그만 하지요.

You'd better put a stop to it.
유드 베터 풋터 스탑 투 잇

그것을 중지하도록 하세요.

Don't associate with him.
돈ㅌ 어소우쉬에잇 위드 힘

그 사람과 사귀지 마세요.

Don't get me wrong.
돈ㅌ 겟 미 륑

오해하지는 마세요

Don't go and do a thing like that.
돈ㅌ 고 앤 두 어 씽 라익 댓

일부러 그런 짓은 하지 마세요

No soft soap for me.
노 소프트 소웁 풔 미

나한테 쓸데없는 칭찬을 하지 마세요

Don't spoil a child by praise.
돈ㅌ 스포일 어 촤일드 바이 프레이즈

추켜올려서 버릇없는 아이로 만들지 마세요

Don't raise your voice, please.
돈ㅌ 레이쥬어 보이스, 플리즈

제발 언성을 높이지 마십시오

Don't sing small.
돈ㅌ 씽 스몰

너무 굽실거리지 마세요

Don't throw your money around!
돈ㅌ 쓰로우 유어 머니 어롸운드

돈을 낭비하고 다니지 마라!

Better watch out!
베터 와취 아웃

주의하는 것이 좋겠어요!

Don't let it get you down.

실망하지마.

■ **I'm sorry to hear that.**

아임 쏘리 투 히어 댓

참 안됐군요

■ **I know how you feel.**

아이 노우 하우 유 필

당신 마음은 알겠어요

■ **Don't be so depressed.**

돈ㅌ 비 쏘 디프레스트

그렇게 낙담하지 말아요.

■ **Don't let it get you down.**

돈ㅌ 레팃 겟 유 다운

실망하지 말아요.

■ **You'll be okay.**

유일 비 오케이

괜찮아.

■ **It was just bad luck.**

잇 워즈 저슷 배드 럭

운이 나빴을 뿐이야.

■ **Don't worry about it.**

돈ㅌ 워리 어바우팃

걱정하지 말아요

■ **Don't take it so seriously.**
돈ㅌ 테이킷 쏘 씨어리어슬리

그렇게 생각할 필요는 없어.

■ **It happens to the best of us.**
잇 해펀즈 투 더 베슷 업어스

누구라도 있는 일이야.

■ **It happens.**
잇 해펀즈

많이 있는 일이야.

■ **It's not a big deal.**
잇츠 낫 어 빅 딜

큰 문제는 아니야.

■ **You'll have another chance.**
유일 해브 어나더 챈스

또 기회가 있어.

■ **It's a common mistake.**
잇처 카먼 미스테익

자주 있는 실수야.

■ **It wasn't all your fault.**
잇 워즌ㅌ 올 유어 폴트

네 탓이 아니야.

■ **It can't be helped.**
잇 캔ㅌ 비 헬프트

어쩔 수 없어.

Cheer up!

힘을 내요!

■ **Good luck!**
굿 럭!

행운을 빌게.

■ **Go for it!**
고 퓌릿

힘내라!

■ **Don't give up.**
돈ㅌ 기법

포기하면 안돼요

■ **You can do it!**
유 캔 두 잇

너라면 할 수 있어.

■ **Be confident in yourself.**
비 칸퓌던트 인 유어셀프

자신을 가져요

■ **You have no other option.**
유 해브 노 어더 압션

할 수밖에 없어.

■ **I'm on your side.**
아임 온 유어 사이드

나는 네 편이야.

149

You did it!

잘했어!

■ **Great!**

그레잇

대단하군요!

■ **You're doing well!**

유어 두잉 웰

잘 하시는군요

■ **How marvelous!**

하우 마벌러스

정말 훌륭하군요!

■ **You did a fine job.**

유 디더 퐈인 잡

참 잘하셨어요.

■ **That's the way.**

댓츠 더 웨이

그렇지요(그렇게 해야지요).

■ **I am very proud of you.**

아이 앰 베리 프라우드 옵 유

나는 당신이 자랑스럽습니다.

■ **You get a gold star for that.**

유 게터 골드 스타 풔 댓

정말 잘했어요.

You have a very good memory.
유 해버 베리 굿 메머리

기억력이 참 좋으시군요.

How come you speak such good English?
하우 컴 유 스픽 써취 굿 잉글리쉬

어떻게 그렇게 영어를 잘하십니까?

You have an eye for fashion.
유 해번 아이 풔 패션

패션에 대한 안목이 있으시군요.

He's a real egghead.
히저 리얼 에그헤드

그는 정말 머리가 좋아요.

She is quick-witted.
쉬즈 퀵-위티드

그는 재치가 있어요.

You must be a walking encyclopedia.
유 머슷 비어 워킹 인싸이클러피디어

당신은 모르는 게 없군요.

I wish I were in your shoes.
아이 위쉬 아이 워린 유어 슈즈

당신의 입장이 부럽습니다.

You are a cut above me.
유아러 컷 어버브 미

네가 나보다는 한 수 위야.

약속힐 때

I promise.
약속할게요.

■ **Are you free this weekend?**

아 유 프리 디쓰 윅켄(드)

이번 주말에 시간 있으세요?

■ **Do you have a minute?**

두 유 해버 미닛

시간 좀 있어요?

■ **Can I see you for a moment?**

캔 아이 씨 유 풔러 모먼(트)

잠깐 만날 수 있을까요?

■ **Do you want to get together tomorrow?**

두 유 원ㅌ 투 겟 트게더 터마로우

내일 한번 만날까요?

■ **Let's together sometime.**

렛츠 트게더 썸타임

언제 한번 만나요

■ **Do you have any appointments tomorrow?**

두 유 해버니 어포인(트)먼츠 터마로우

내일 약속 있으세요?

■ **Why do you ask?**

와이 두 유 애슥(ㅋ)

왜 그러는데요?

What do you want to see me about?
왓 두 유 원ㅌ 투 씨 미 어바웃

무슨 일로 절 만나자는 거죠?

Yeah, I'm free.
예, 아임 프리

좋아요, 시간 괜찮아요.

I'm sorry, I'm little busy today.
아임 쏘리, 아임 리틀 비지 트데이

미안해요, 제가 오늘 좀 바빠서요.

I'm expecting visitors today.
아임 익스펙팅 비지터스 트데이

오늘 누가 오기로 돼 있어요.

I'm sorry, I'm booked up today.
아임 쏘리, 아임 북트 업 트데이

미안해요, 제가 오늘은 스케줄이 꽉 차 있어요.

What time is good for you?
왓 타임 이즈 굿 풔 유

몇 시로 했으면 좋겠어요?

Where should we make it?
웨어 슈드 위 메이킷

어디서 만나야 하지?

You pick the place.
유 픽 더 플레이스

네가 장소를 결정해.

Congratulations!

축하해!

■ I hear Congratulations are in order.

아이 히어 컨그래츄레이션즈 아 인 오더

축하할 일이 생겼다면서요.

■ Congratulations on your promotion!

컨그래츄레이션즈 오뉴어 프로모션

승진을 축하합니다.

■ Oh, thanks. I think I was lucky.

오, 땡스 아이 씽카이 워즈 럭키

고맙습니다. 운이 좋았던 것 같아요.

■ Happy birthday to you!

해피 버스데이 투 유

생일을 축하합니다.

■ Surprise! Happy birthday!

써프라이즈! 해피 버스데이

놀랐지? 생일 축하해!

■ Happy birthday, John!

해피 버스데이, 쟌

생일 축하해, 죤!

■ Congratulations on your wedding!

컨그래츄레이션즈 오뉴어 웨딩

결혼을 축하합니다.

■ **Congratulations on your new baby!**
컨그래츄레이션즈 오뉴어 뉴 베이비

출산을 축하합니다.

■ **You must be very pleased.**
유 머슷 비 베리 플리즈드

아주 기쁘시겠군요.

■ **Congratulations on your victory!**
컨그래츄레이션즈 오뉴어 빅터리

승리를 축하합니다.

■ **Let's celebrate our victory!**
렛츠 샐리브레잇 아워 빅터리

우리의 승리를 자축합시다.

■ **Congratulations on your success!**
컨그래츄레이션즈 오뉴어 석쎄스

성공을 축하드립니다.

■ **How did you manage it?**
하우 디쥬 매니쥐 잇

어떻게 해 내셨어요?

■ **Good job! You really came through.**
굿 잡! 유 리얼리 케임 쓰루

잘했다! 네가 정말 해냈구나.

■ **Who is the lucky lady?**
후 이즈 더 럭키 레이디

그 행운의 여성은 누구예요?

기원·축복할 때

Happy new year!

새해 복 많이 받으세요.

■ **Happy new year!**
해피 뉴 이어

새해 복 많이 받으세요

■ **Same to you.**
쎄임 투 유

당신도요

■ **May you succeed!**
메이 유 썩시드

성공을 빕니다.

■ **I hope you'll have a better year.**
아이 홉 유일 해버 베터 이어

더 나은 해가 되길 바랍니다.

■ **God bless you!**
갓 블레슈

당신에게 신의 축복이 있기를!

■ **I hope everything will come out all right.**
아이 홉 에브리씽 윌 컴 아웃 올 롸잇

모든 일이 잘 되기를 바래요

■ **I wish you the best of luck.**
아이 위슈 더 베스톱 럭

잘 되길 바랍니다.

156

I hope you'll be happy.
아이 홉 유일 비 해피

행복하길 빌겠습니다.

Good luck to you.
굿 럭 투 유

행운을 빌게요

Merry Christmas!
메리 크리스마스

즐거운 크리스마스 보내세요

All the best for the New Year!
올 더 베슷 풔 더 뉴 이어

새해에는 모든 행운이 깃들기를!

Happy Holidays!
해피 할러데이즈

즐거운 명절 되세요!

Happy Valentine's Day!
해피 밸런타인즈 데이

즐거운 발렌타인데이예요!

Happy Easter!
해피 이스터

즐거운 부활절 보내세요!

Happy Thanksgiving Day!
해피 땡스기빙 데이

즐거운 추수감사절 보내세요!

Welcome to my home.

저희 집에 오신 것을 환영합니다.

■ **Welcome to my home.**

웰컴 투 마이 홈

저희 집에 오신 것을 환영합니다.

■ **Welcome to Korea.**

웰컴 투 코리어

한국에 오신 것을 환영합니다.

■ **I hope you'll like it here.**

아이 홉 유일 라익킷 히어

이곳이 마음에 들기를 바랍니다.

■ **I'm looking forward to working with you.**

아임 룩킹 풔워드 투 워킹 위듀

함께 일하게 되다니 기대가 큽니다.

■ **Hi, Miss Kim. Welcome aboard.**

하이, 미스 킴. 웰컴 어보드

안녕하세요. 미스 김. 입사를 축하합니다.

■ **Glad to have you with us.**

글래드 투 해뷰 위더스

같이 일하게 되어 반갑습니다.

■ **Please give him a big hand.**

플리즈 기브 힘 어 빅 핸드

그에게 큰 박수를 부탁드립니다.

전화표현과 위기상황 대처하기

PART 05

전화를 걸 때

Hello. This is ~ .

여보세요, 저는 ~ 입니다.

■ **May I use your phone?**
메아이 유쥬어 폰

전화를 사용해도 될까요?

■ **Do you have a telephone directory?**
두 유 해버 텔러폰 디렉터리

전화번호부가 있습니까?

■ **Long distance, please.**
롱 디스턴스, 플리즈

장거리 전화를 부탁합니다.

■ **What's the area code for New York?**
왓츠 디 에리어 코드 풔 뉴욕

뉴욕의 지역번호는 몇 번입니까?

■ **Could you call me, please?**
쿠쥬 콜 미, 플리즈

전화를 걸어 주시겠습니까?

■ **Hello! This is Mr. Kim speaking.**
헬로우! 디씨즈 미스터 킴 스피킹

여보세요! 저는 미스터 김인데요

■ **Hello! This is Mr. Park of the A Company.**
헬로우! 디씨즈 미스터 팍 옵 디 에이 컴퍼니

여보세요! 저는 A사의 미스터 박입니다.

■ **This is Mr. Kim from Seoul.**

디씨즈 미스터 킴 프럼 써울

서울에서 온 미스터 김입니다.

■ **Is Mr. Kim in?**

이즈 미스터 킴 인

미스터 김 계세요?

■ **Is Mr. Kim there?**

이즈 미스터 킴 데어

김씨 거기에 있습니까?

■ **Isn't this the Kim residence?**

이즌ㅌ 디쓰 더 킴 레지던스

거기 김씨 댁 아닙니까?

■ **Who am I speaking to, please?**

후 앰 아이 스피킹 투, 플리즈

(전화를 받으시는 분은) 누구십니까?

■ **How can I reach Mr. Lee?**

하우 캔 아이 리취 미스터 리

미스터 이와 통화할 수 있을까요?

■ **Mary, please.**

메리, 플리즈

메어리 좀 바꿔 주세요.

■ **Hello. May I speak to(with) Tom?**

헬로우. 메아이 스픽 투(위드) 탐

여보세요 톰 좀 바꿔 주시겠어요?

전화를 받을 때

Who's calling?

누구십니까?

■ There's a call for you.

데어저 콜 풔 유

전화 왔습니다.

■ I'll cover the phones.

아일 커버 더 폰즈

전화는 제가 받을게요.

■ I'll take it.

아일 테이킷

받아 보죠.

■ Who was that on telephone?

후 워즈 댓 온 텔러폰

전화한 사람이 누구예요.

■ Please answer the phone.

플리즈 앤써 더 폰

전화를 받으십시오.

■ Would you get that phone, please?

우쥬 겟 댓 폰, 플리즈

전화 좀 받아 주실래요?

■ Sure, hello.

슈어, 헬로우

그러죠, 여보세요.

OK. Thank you for calling.
오케이. 땡큐 풔 콜링

네, 전화 주셔서 감사합니다.

Could you answer the phone?
쿠쥬 앤써 더 디 폰

전화 좀 받을래요?

I'll get it.
아일 게릿

제가 받을게요.

Who's calling?
후즈 콜링

전화하시는 분은 누구시죠?

Who's this?
후즈 디쓰

누구시죠?

This is he(she).
디씨즈 히(쉬).

접니다.

May I ask what this is regarding?
메아이 애슥 왓 디씨즈 리가딩

무슨 용건인지 여쭤봐도 될까요?

How may I help you?
하우 메아이 헬퓨

무엇을 도와드릴까요?

전화를 바꿔줄 때

I'll transfer your call.

전화를 돌려드리겠습니다.

■ **One moment, please.**

원 모먼)트), 플리즈

잠깐만 기다려 주세요.

■ **Who do you wish to speak to?**

후 두 유 위시 투 스픽 투

누구 바꿔 드릴까요?

■ **Mr. Lee, Mr. Kim is on the line.**

미스터 리, 미스터 킴 이즈 온 더 라인

미스터 이, 미스터 김 전화예요.

■ **Will you hold the line a moment, please?**

윌류 호울(드) 더 라이너 모먼(트), 플리즈

잠깐만 기다려 주시겠어요?

■ **Thank you for waiting.**

땡큐 풔 웨이팅

기다려 주셔서 감사합니다.

■ **I'll put you through to Mr. Kim.**

아일 풋 유 쓰루 투 미스터 킴

미스터 김한테 전화를 돌려드리겠습니다.

■ **Mr. White, telephone.**

미스터 화잇, 텔러폰

미스터 화이트, 전화입니다.

164

본인이 전화를 받을 수 없을 때

I'm sorry, but his line is busy now.

죄송합니다만, 지금 통화중입니다.

◼ I'm not sure. Hold on, he just come in.

아임 낫 슈어. 호울돈, 히 저슷 커민

글쎄요. 잠깐만요, 지금 막 들어오셨어요.

◼ He's out at the moment.

히즈 아웃 앳 더 모먼(ㅌ)

지금 나가셨는데요.

◼ He's not in right now.

히즈 낫 인 롸잇 나우

지금 자리에 안 계세요.

◼ He's not available now.

히즈 낫 어베일러블 나우

그는 지금 통화하기 힘들어요.

◼ He's out at the moment.

히즈 아웃 앳 더 모먼(ㅌ)

지금은 외출중입니다.

◼ He's just out of the office.

히즈 저슷 아웃톱 디 어피스

그는 방금 사무실을 나갔습니다.

◼ She's out now. She'll be back at any moment.

쉬즈 아웃 나우. 쉬일 비 백 앳 에니 모먼(ㅌ)

지금은 외출중입니다. 곧 돌아오실 겁니다.

■ **She's out for lunch.**
쉬즈 아웃 풔 런치

점심식사를 하러 나가셨습니다.

■ **He's in a meeting.**
히즈 이너 미팅

지금 회의 중입니다.

■ **He's gone for the day.**
히즈 건 풔 더 데이

퇴근하셨습니다.

■ **He's on another line.**
히즈 온 어나더 라인

지금 다른 전화를 받고 있습니다.

■ **I'll call back in a while.**
아일 콜 백 이너 와일

잠시 후에 다시 걸게요.

■ **When will he be back?**
웬 윌 히 비 백

언제 돌아옵니까?

■ **He should be back at any moment.**
히 슈드 비 백 앳 에니 모먼(트)

곧 들어올 겁니다.

■ **I'm not sure when he'll be back.**
아임 낫 슈어 웬 히일 비 백

언제 들어올지 모르겠습니다.

메시지를 남기거나 받을 때

I'll give him your message.

전해드리겠습니다.

■ **May I take a message?**
메아이 테이커 메시쥐

전하실 말씀은 있습니까?

■ **May I take a message for him?**
메아이 테이커 메시쥐 풔 힘

그에게 메시지를 전해드릴까요?

■ **Would you like to leave a message?**
우쥬 라익 투 리버 메시쥐

메시지를 남기시겠습니까?

■ **Would you like him to call(phone) you back?**
우쥬 라익 힘 투 콜(폰) 유 백?

그에게 전화 드리라고 할까요?

■ **Can I leave him a message, please?**
캔 아이 리브 힘 어 메시쥐, 플리즈

그에게 메시지를 남겨도 될까요?

■ **I see. May I leave a message please?**
아이 씨. 메아이 리브 어 메시쥐 플리즈

알겠습니다. 말씀 좀 전해 주시겠습니까?

■ **I'd like to leave her a message, please.**
아이드 라익 투 리브 허러 메시쥐, 플리즈

그녀에게 메시지를 남기고 싶은데요.

Any message?
에니 메시쥐

전하실 말씀이 있나요?

Can I take your message?
캔 아이 테이큐어 메시쥐

메시지를 받아둘까요?

Please tell him to call me back.
플리즈 텔 힘 투 콜 미 백

돌아오면 저한테 전화해 달라고 전해 주시겠습니까?

Will you tell him I called, please?
윌 유 텔 힘 아이 콜드, 플리즈

제가 전화했다고 그에게 좀 전해주시겠습니까?

Just tell him that I called.
저슷 텔 힘 댓 아이 콜드

그냥 제가 전화했다고 말해주세요.

What's your phone number?
왓츄어 폰 넘버

전화번호를 알려 주십시오.

I'll give Mr. Kim your message.
아일 기브 미스터 킴 유어 메시쥐

댁의 말씀을 미스터 킴에게 전하겠습니다.

Mr. Kim called while you were out.
미스터 킴 콜드 와일 유 워라웃

당신이 외출한 사이에 미스터 킴이 전화를 했어요.

She said she'll call back later.

다시 전화한다고 했어.

■ **Did get any phone calls?**

디드 켓 에니 폰 콜스

전화는 있었나요?

■ **Brown called you.**

브라운 콜드 유

브라운이 전화했어요.

■ **She said she'll call back later.**

쉬 새드 쉬일 콜 백 레이터

다시 전화한다고 했어요.

■ **She wants you to call her back.**

쉬 원츄 투 콜 허 백

전화를 달라고 했어요.

■ **He left a message for you.**

히 렙터 메시쥐 풔 유

메시지가 있었어요.

■ **I wonder who called me.**

아이 원더 후 콜드 미

누가 전화했지.

■ **I put a note on your desk.**

아이 풋터 노트 온 유어 데스크

책상 위에 메모가 있습니다.

Thank you for calling.

전화 주셔서 고맙습니다.

■ **Is this a good time to talk to you?**

이즈 디쓰 어 굿 타임 투 토크 투 유

지금 말해도 되니?

■ **Sorry for calling you this early.**

쏘리 풔 콜링 유 디쓰 어얼리

이렇게 아침 일찍 전화해서 미안해.

■ **I received your message.**

아이 리시브드 유어 메시쥐

메시지는 받았어.

■ **I'm sorry, but I'm tied up right now.**

아임 쏘리, 벗 아임 타이덥 롸잇 나우

미안한데, 지금 무척 바빠.

■ **Where are you calling from?**

웨어라 유 콜링 프럼

어디서 전화하니?

■ **I have to go now.**

아이 해브 투 고 나우

이제 끊어야겠어.

■ **Thank you for calling.**

땡큐 풔 콜링

전화 고마워.

What number are you calling?

몇 번 거셨습니까?

■ What number are you calling?

왓 넘버 아 유 콜링

몇 번 거셨어요?

■ I must have the wrong number.

아이 머슷 해브 더 륑 넘버

제가 전화를 잘못 걸었습니다.

■ You'd better check the number again.

유드 베터 첵 더 넘버 어게인

전화번호를 다시 확인해 보세요.

■ I'm sorry, we don't have a Kim here.

아임 쏘리, 위 돈ㅌ 해버 킴 히어

미안합니다만, 여긴 김이라는 사람이 없는데요.

■ No, it isn't.

노, 잇 이즌ㅌ

아닌데요.

■ Hello. Who are you calling?

헬로우. 후 아 유 콜링

여보세요 누구를 찾으세요?

■ There is no one here by that name.

데어리즈 노 원 히어 바이 댓 네임

여긴 그런 이름 가진 사람 없는데요.

■ **I'm sorry. You must have the wrong number.**

아임 쏘리. 유 머슷 해브 더 륑 넘버

죄송합니다. 전화를 잘못 거셨습니다.

■ **What number did you dial?**

왓 넘버 디쥬 다이얼

몇 번을 돌리셨나요?

■ **Oh, I'm sorry. I bothered you.**

오, 아임 쏘리. 아이 바더드 유

아, 귀찮게 해서 죄송합니다.

■ **Can you hear me?**

캔 유 히어 미

제 말 들려요?

■ **There's noise on the line.**

데어즈 노이즈 온 더 라인

잡음이 있어요/들려요.

■ **You sound far away.**

유 싸운드 퐈 어웨이

감이 멀어요.

■ **I think we have a bad connection.**

아이 씽크 위 해버 배드 커넥션

접속이 안 좋은 것 같아요.

■ **I'm very sorry. The line was disconnected.**

아임 베리 쏘리. 더 라인 워즈 디쓰커넥티드

죄송합니다. 전화가 끊어져버렸습니다.

What's today's date?

오늘은 며칠이지?

■ **What day is it today?**

왓 데이 이짓 투데이

오늘이 무슨 요일이죠?

■ **What's the date today?**

왓츠 더 데잇 투데이

오늘이 며칠이죠?

■ **What month is it?**

왓 먼쓰 이짓

몇 월이죠?

■ **What's the date?**

왓츠 더 데잇(ㅌ)

날짜가 언제입니까?

■ **Today is your birthday, isn't it?**

트데이 이쥬어 버쓰데이, 이즌팃

오늘이 당신 생일이잖아요, 그렇죠?

■ **What's the occasion?**

왓츠 디 어케이즌

오늘이 무슨 날이죠?

■ **What special day is today?**

왓 스페셜 데이 이즈 투데이

오늘이 무슨 특별한 날입니까?

173

What date is next Sunday?

왓 데이티즈 넥슷 썬데이

다음 일요일이 며칠이죠?

Do you know today's date?

두 유 노우 트데이즈 데잇(ㅌ)

오늘 날짜가 며칠인지 알아요?

What date does our vacation start?

왓 데잇 더즈 아워 베이케이션 스탓(ㅌ)?

우리 휴가가 며칠부터 시작이죠?

What date were you born?

왓 데잇 워류 본

며칠에 태어났어요?

What year were you born?

왓 이어 워류 본

몇 년도에 태어나셨어요?

It's three months since I came here.

잇츠 쓰리 먼쓰(즈) 신스 아이 케임 히어

여기에 온 지 석 달입니다.

Can you finish it by August 25th?

캔 유 피니쉬 잇 바이 어거스트 투웬티 피프쓰

8월 25일까지 끝낼 수 있습니까?

This ticket is good for six days.

디스 티켓 이즈 굿 풔 씩스 데이즈

이 표는 6일간 유효합니다.

What time is it now?

지금 몇 시인가요?

◻ What time is it now?

왓 타임 이짓 나우

지금 몇 시죠?

◻ Let's see. It's 10:30.

렛츠 씨. 잇츠 텐 써티

어디 보자. 10시 30분입니다.

◻ Excuse me. Can you tell me the time?

익스큐즈 미. 캔 유 텔 미 더 타임

실례합니다. 몇 시입니까?

◻ I wonder what time it is.

아이 원더 왓 타임 잇티즈

몇 시쯤 됐을까요?

◻ How's the time?

하우즈 더 타임

시간이 어떠세요?

◻ It's a quarter past four.

잇처 쿼터 패슷(ㅌ) 포

4시 15분입니다.

◻ It's exactly three o'clock.

잇츠 이그잭트리 쓰리 어클락

정각 3시입니다.

175

■ **What time do you think it is?**

왓 타임 두 유 씽크 잇티즈

지금이 몇 시라고 생각하십니까?

■ **How long does it take to get there?**

하우 롱 더짓 테익 투 겟 데어

거기에 가는 데 얼마나 걸립니까?

■ **It's seven minute's walk from the station.**

잇츠 세븐 미닛츠 워크 프럼 더 스테이션

역에서 걸어서 7분 걸립니다.

■ **What time do you open(close)?**

왓 타임 두 유 오우펀(클로우즈)?

몇 시에 개점(폐점)합니까?

■ **It's about time to go.**

잇츠 어바웃 타임 투 고

이제 가야 할 시간입니다.

■ **Take your time.**

테이큐어 타임

천천히 하세요.

■ **I have no time to lose.**

아이 해브 노 타임 투 루즈

잠시도 지체할 틈이 없습니다.

■ **I'm in a hurry.**

아임 이너 허리

시간이 없는데요.

My watch's pretty tight.
마이 와취즈 프리티 타잇(ㅌ)

예정이 꽉 차 있어요.

I need more time.
아이 니드 모어 타임

좀더 시간이 필요합니다.

Sorry, I don't have a watch.
쏘리, 아이 돈ㅌ 해버 와취

미안하지만, 저는 시계가 없습니다.

Is your watch right?
이쥬어 와치 롸잇

시계가 맞나요?

My watch is fast.
마이 와취즈 패슷

제 시계가 빨리 가요.

Why do you keep looking at the clock?
와이 두 유 킵 루킹 앳 더 클락

왜 자꾸 시계를 보고 계세요?

My watch keeps the proper time.
마이 와취 킵스 더 프라퍼 타임

제 시계는 정확해요.

Time is money.
타임 이즈 머니

시간은 돈이다.

Beautiful day, isn't it?

날씨가 좋군요.

■ **What's the weather like today?**
왓츠 더 웨더 라익 트데이

오늘 날씨 어때요?

■ **What's the weather like there?**
왓츠 더 웨더 라익 데어

그곳 날씨는 어떻습니까?

■ **How is the weather out there?**
하우 이즈 더 웨더 아웃 데어

바깥 날씨가 어떻습니까?

■ **Do you like this kind of weather?**
두 유 라익 디쓰 카인돕 웨더

이런 날씨 좋아하세요?

■ **Isn't it a wonderful day?**
이즌ㅌ 이터 원버펄 데이

날씨가 참 좋죠?

■ **It's a beautiful day today.**
잇처 뷰우터펄 데이 투데이

오늘은 날씨가 화창하군요.

■ **It's lovely weather for ducks.**
잇츠 러블리 웨더 풔 덕스

날씨가 정말 우중충하군요.

It looks like it's going to rain.
잇츠 룩스 라익 잇츠 고잉 투 레인

비가 올 것 같아요.

Let's wait till the rain stops.
렛츠 웨잇 틸 더 레인 스탑스

비가 그칠 때까지 기다립시다.

It's really cold today, isn't it?
잇츠 리얼리 콜드 투데이, 이즌팃

오늘은 정말 춥군요, 그렇죠?

It's terribly hot.
잇츠 테러블리 핫

정말 덥군요.

What a scorcher!
왓어 스코쳐

푹푹 찌는군요!

It looks like snow.
잇 룩스 라익 스노우

눈이 올 것 같은 날씨예요.

It's very cold.
잇츠 베리 콜드

정말 춥군요.

How it blows!
하우 잇 블로우즈

바람이 세차게 부는군요.

Spring is coming.

이제 곧 봄이야.

■ **July and August in Korea are so hot.**

쥴라이 앤 오거슷틴 코리어 아 쏘 핫

한국에서 7월과 8월은 무척 더워요

■ **I don't mind. I love summer.**

아이 돈ㅌ 마인드 아이 러브 써머

상관없어요. 저는 여름을 좋아하니까요

■ **Which season do you like best?**

위치 씨즌 두 유 라익 베슷(ㅌ)

어느 계절을 가장 좋아하세요?

■ **I wish spring lasted all year!**

아이 위시 스프링 래스티드 올 이어

일년 내내 봄날이라면 좋겠어요.

■ **Which flower blooms earliest in spring?**

위치 플라워 블룸즈 얼리이스트 인 스프링

봄에 어떤 꽃이 제일 먼저 피죠?

■ **I'm very sensitive to heat.**

아임 베리 쎈서티브 투 히트

저는 더위를 잘 타요.

■ **The hottest season is yet to come.**

더 핫티스트 씨즌 이즈 옛 투 컴

정말 더위는 이제부터예요.

■ **It's sun nice and cool.**
잇츠 썬 나이스 앤 쿨

날씨가 참 서늘하군요.

■ **I think winter is on its way.**
아이 씽(ㅋ) 윈터리즈 온 잇츠 웨이

겨울이 다가오는 것 같아요.

■ **What is the weather like in your hometown?**
와리즈 더 웨더 라익킨 유어 홈타운

당신 고향의 기후는 어떻습니까?

■ **What's your favorite season?**
왓츄어 페이버릿 씨즌

가장 좋아하는 계절은 언제인가요?

■ **I don't like the wet season.**
아이 돈ㅌ 라익 더 웻 씨즌

비가 많이 오는 계절은 싫어합니다.

■ **Winter changed to spring.**
윈터 췌인지드 투 스프링

겨울에서 봄이 되었습니다.

■ **Is it cold dressed New York in the winter?**
이짓 콜드 드레스트 뉴욕 인 더 윈터

뉴욕 겨울은 춥니?

■ **The rainy season has set in.**
더 레이니 씨즌 해스 셋틴

장마철로 접어들었어요.

He has a good personality.

성격이 좋아요.

■ **I'm sort of an optimist.**

아임 쏘트 옵 언 압티미스트

낙천적인 편입니다.

■ **You have a good sense of humor.**

유 해버 굿 센스 옵 유머

당신은 유머 감각이 좋으시군요

■ **You are interesting.**

유아 인터리스팅

당신은 재미있는 사람이군요

■ **I think I'm friendly.**

아이 씽크 아임 프랜들리

저는 다정한 편인 것 같습니다.

■ **I think I'm both sensitive and brave.**

아이 씽크 아임 보쓰 센서티브 앤 브레이브

저는 섬세하면서도 대담하다고 생각합니다.

■ **I'm always on the move.**

아임 올웨이즈 온 더 무브

저는 늘 활동적입니다.

■ **I'm sociable.**

아임 소서블

저는 사교적입니다.

나쁜 성격에 대해 말할 때

He's mean.

그는 고집쟁이야.

■ **I think I'm introvert.**

아이 씽(ㅋ) 아임 인트러버트

내성적이라고 생각합니다.

■ **I'm not really sociable.**

아임 낫 리얼리 소셔블

저는 별로 사교적이지 않습니다.

■ **I have a quick temper.**

아이 해버 퀵 템퍼

저는 성미가 급합니다.

■ **I tend to be withdrawn.**

아이 텐(ㄷ) 투 비 윗드론

저는 소극적인 편입니다.

■ **I have no sens of humor.**

아이 해브 노 센스 옵 유머

저는 유머 감각이 없습니다.

■ **Others would say that I'm a shy person.**

아더스 우드 쎄이 댓 아이머 샤이 퍼슨

다른 사람들은 저를 내성적인 사람이라고 합니다.

■ **He's only out for himself.**

히즈 온리 아웃 풔 힘셀프

그는 자신밖에 모릅니다.

Don't make fun of me.

바보 취급하지마.

You heard me!

유 허드 미

너 내 말대로 해

Don't be so selfish.

돈트 비 쏘 셀피쉬

제멋대로 말하지 마.

Stop bothering me. Just be quiet.

스탑 바더링 미. 저슷 비 콰이엇

그만 해둬, 좀 조용히 해!

Hey! Keep your voice down!

헤이! 키퓨어 보이스 다운

이봐요! 목소리 좀 낮춰요.

Don't be silly.

돈트 비 실리

바보 같은 소리하지 마세요.

How can you say such a thing?

하우 캔 유 쎄이 써처 씽

당신, 어떻게 그런 말을 할 수 있죠?

How can you be so mean to me?

하우 캔 유 비 쏘 민 투 미?

당신이 어떻게 나한테 그렇게 심하게 할 수 있죠?

What did you quarrel about?
왓 디쥬 쿼럴 어바웃

무엇 때문에 다투셨어요?

I've get a score to settle with you.
아이브 게터 스코어 투 세틀 위듀

당신한테 따질 게 있어요?

You won't get away with this.
유 원ㅌ 겟 어웨이 위드 디쓰

너 두고 보자!

How am I at fault?
하우 앰 아이 앳 펄트

내가 뭐가 틀렸다는 거야?

What did I ever do to you?
왓 디드 아이 에버 두 투 유

내가 너한테 뭘 어떻게 했다는 거야?

You really blew it.
유 리얼리 블루 잇

네가 완전히 망쳤어.

You were in the wrong.
유 워린 더 륑

당신이 잘못한 거예요.

How could you say that?
하우 쿠쥬 쎄이 댓

어떻게 그런 말을 할 수 있지요?

Stop making excuses.

변명하지마.

■ **Stop making excuses.**

스탑 메이킹 익스큐시즈

변명하지 마세요.

■ **I don't want to hear your excuses.**

아이 돈트 원트 투 히어 유어 익스큐시즈

변명은 듣고 싶지 않아.

■ **I've had enough of your excuses.**

아이브 해드 이넙 오뷰어 익스큐시즈

이제 변명은 됐어.

■ **That's no excuses.**

댓츠 노 익스큐시즈

그건 변명이 안 돼.

■ **I'll make up some believable excuses.**

아일 메이컵 썸 빌리버블 익스큐시즈

적당히 변명해요.

■ **Don't quibble.**

돈트 퀴블

억지 변명하지 말아요.

■ **Don't change the topic.**

돈트 췌인쥐 더 타픽

얼버무리지 말아요.

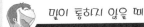
Does anyone speak Korean?

한국어를 아는 사람은 있나요?

☐ I'm studying English now.

아임 스터딩 잉글리쉬 나우

지금 영어를 공부하고 있어요.

☐ I need to brush up my English.

아이 니드 투 브러쉬 업 마이 잉글리쉬

영어를 다시 공부할 필요가 있습니다.

☐ I don't speak English very well.

아이 돈ㅌ 스픽 잉글리쉬 베리 웰

영어는 잘 못합니다.

☐ Does anyone speak Korean?

더즈 에니원 스픽 코리언

한국어를 하는 사람은 있나요?

☐ Could you write it down?

쿠쥬 롸이팃 다운

종이에 써 주시겠어요?

☐ I'm sorry, but I couldn't catch that.

아임 쏘리, 벗 아이 쿠든ㅌ 캐취 댓

미안합니다만, 알아듣지 못했습니다.

☐ You're speaking too fast for me.

유어 스피킹 투 패슷 풔 미

말이 너무 빨라서 모르겠습니다.

187

What do you call it in English?
왓 두 유 콜 이틴 잉글리쉬

그건 영어로 뭐라고 합니까?

How do you pronounce this word?
하우 두 유 프러나운스 디쓰 워드

이 단어는 어떻게 발음하나요?

What does this word mean?
왓 더즈 디쓰 워드 민

이 단어는 무슨 뜻인가요?

How do you spell that word?
하우 두 유 스펠 댓 워드

그 단어의 스펠링은?

What does that sign say?
왓 더즈 댓 사인 쎄이

저 간판에 뭐라고 적혀 있나요?

I speak a little, but my English is not good enough.
아이 스피커 리틀, 벗 마이 잉글리쉬 이즈 낫 굿 이넙

조금 합니다만, 제 영어는 아직 부족합니다.

Do you speak any languages besides English?
두 유 스픽 에니 랭귀쥐스 비사이즈 잉글리쉬?

당신은 영어 이외의 말을 합니까?

Are you following me?
아 유 팔로잉 미

제가 말하는 것을 아시겠습니까?

도움을 구할 때

Help!

도와줘요!

■ **Sure. What can I do for you?**

슈어. 왓 캔 아이 두 풔 유

네. 뭘 도와드릴까요?

■ **Could you lend me a hand?**

쿠쥬 렌드 미 어 핸드

좀 도와주시겠어요?

■ **I need your help.**

아이 니듀어 헬프

당신의 도움이 필요해요

■ **May I help you?**

메아이 헬퓨

도와 드릴까요?

■ **What would you like me to do?**

왓 우쥬 라익 미 투 두

뭘 해 드릴까요?

■ **Yes, with pleasure.**

예쓰, 위드 플레져

네, 기꺼이 도와 드리겠습니다.

■ **No, thank you. I can handle it.**

노, 땡큐. 아이 캔 핸들 잇

고맙지만, 괜찮습니다. 제가 할 수 있어요

189

도난을 당했을 때

Thief!
도둑이야!

■ **What's the matter with you?**
왓츠 더 매터 위듀

무슨 일이십니까?

■ **Is anything missing?**
이즈 에니씽 미씽

도난당한 물건이 있습니까?

■ **I was robbed of my purse.**
아이 워즈 랍트 옵 마이 퍼스

지갑을 도난당했습니다.

■ **Help!**
헬프

도와줘요!

■ **Pickpocket!**
픽파킷

소매치기야!

■ **Catch him!**
캐취 힘

저놈을 잡아 주세요!

■ **I was pickpocketed.**
아이 워즈 픽파킷티드

소매치기를 당했습니다.

■ **I was held up.**
아이 워즈 헬덥

강도를 만났습니다.

■ **I was attacked from behind.**
아이 워즈 어택티드 프럼 비하인드

뒤에서 습격당했습니다.

■ **I have no injury.**
아이 해브 노 인저리

다친 데는 없습니다.

■ **Call a security officer.**
콜 어 씨큐어러티 어피셔

경비원을 불러 주세요.

■ **Call the police.**
콜 더 펄리스

경찰을 불러 주세요.

■ **I'll call the police.**
아일 콜 더 펄리스

경찰을 부르겠다.

■ **I'd like to report a theft.**
아이드 라익 투 리포터 쎄프트

도난신고를 하고 싶습니다.

■ **Please call the Korean embassy.**
플리즈 콜 더 코리언 엠버시

한국대사관에 전화해 주세요.

물건을 잃었을 때

I left something in the taxi.

택시에 물건을 놓고 내렸습니다.

■ **I lost my suitcase.**
아이 로슷 마이 슈트케이스
여행가방을 분실했습니다.

■ **When and where did you lose it?**
웬 앤 웨어 디듀 루짓
언제 어디서 분실했습니까?

■ **I left my bag in a taxi.**
아이 레프트 마이 백 이너 택시
택시 안에 가방을 두고 왔습니다.

■ **I'll come to pick it up right away.**
아일 컴 투 픽 이텁 롸잇 어웨이
곧 가지러 가겠습니다.

■ **I've lost my traveler's checks.**
아이브 로슷 마이 트레벌러즈 첵스
여행자 수표를 잃어버렸습니다.

■ **I don't remember where I lost it.**
아 돈ㅌ 리멤버 웨어라이 로스트 잇
어디서 잃어버렸는지 기억이 안 납니다.

■ **Where is the lost and found?**
웨어리즈 더 로슷 앤 파운드
유실물 취급소는 어디입니까?

Didn't you see a red bag here?

디든츄 씨 어 레드 백 히어

여기서 빨간 가방을 보지 못했습니까?

I lost my credit card.

아이 로슷 마이 크레딧 카드

신용카드를 잃어버렸습니다.

I keep the number of my card.

아이 킵 더 넘버롭 마이 카드

카드번호는 적어두었습니다.

Please cancel the card.

플리즈 캔슬 더 카드

카드를 정지시켜 주세요.

I'm here to pick up my luggage that I lost.

아임 히어 투 픽컵 마이 러기쥐 댓 아이 로스트

분실한 짐을 찾으러 왔습니다.

Did you find it?

디쥬 퐈인딧

찾았나요?

Please call me when you find it.

플리즈 콜 미 웬 유 퐈인딧

찾으면 연락 주세요.

I'd like the card reissued.

아이드 라익 더 카드 리이슈트

카드를 재발행해 주세요.

식당·가게·병원에서 표현하기

PART 06

음식 맛에 대한 회제

How does it taste?

맛이 어떻습니까?

■ **It's very good.**
잇츠 베리 굿

아주 맛있는데요.

■ **This food is spicy.**
디쓰 푸드 이즈 스파이시

이 음식은 너무 맵군요.

■ **My mouth is watering.**
마이 마우쓰 이즈 워터링

군침이 도는군요.

■ **It's better than I expected.**
잇츠 베터 댄 아이 익스펙티드

생각보다 맛있군요.

■ **This is not good.**
디씨즈 낫 굿

이건 맛이 별로 없군요.

■ **This food doesn't suit my taste.**
디쓰 풋 더즌ㅌ 수트 마이 테이슷(ㅌ)

이건 제 입맛에 안 맞아요.

■ **It's delicious.**
잇츠 딜리셔스

아주 맛있어요.

■ **It's sweet.**
잇츠 스위트

달콤해요.

■ **It's tasteless.**
잇츠 테이스트리스

맛이 별로 없어요.

■ **It's bland.**
잇츠 블랜드

싱거워요.

■ **It's mild.**
잇츠 마일드

순해요.

■ **It's bitter.**
잇츠 비터

써요.

■ **It's salty.**
잇츠 쏠티

짜요.

■ **It's hot.**
잇츠 핫

매워요.

■ **It's fresh.**
잇츠 프레쉬

신선해요.

Do you have breakfast every morning?

아침은 매일 먹습니까?

■ I eat about everything.
아이 이트 어바웃 에브리씽

전 뭐든 잘 먹어요

■ I'm not picky about my food.
아임 낫 피키 어바웃 마이 푸드

전 먹는 걸 안 가려요

■ I'm a picky eater.
아이머 피키 이터

전 식성이 까다로워요

■ I'm fussy about food.
아임 퍼씨 어바웃 푸드

전 음식을 가려먹어요

■ Pork doesn't agree with me.
포크 더즌트 어그리 위드 미

저는 돼지고기를 못 먹어요

■ This makes me sick.
디쓰 메익스 미 씩

이걸 먹으면 속이 좋지 않습니다.

■ I like hot food.
아이 라익 핫 푸드

저는 매운 음식을 좋아합니다.

I have a sweet tooth.
아이 해버 스위트 투쓰

저는 단 것을 잘 먹습니다.

I just don't like it very much.
아이 저슷 돈트 라이킷 베리 머취

이건 별로 좋아하지 않아요.

I don't like oily food.
아이 돈트 라익 오일리 푸드

저는 기름기 있는 음식을 안 좋아해요.

I hate cold meals.
아이 해잇 콜드 밀스

저는 찬 음식을 싫어합니다.

I get tired of eating this food.
아이 겟 타이어돕 이팅 디쓰 푸드

이제 이 음식에 질렸어요.

I'm hungry.
아임 헝그리

배가 고파요.

I'm starving now.
아임 스타빙 나우

배고파 죽겠어요.

I'm full.
아임 풀

배가 부르군요.

I have a big appetite.
아이 해버 빅 애피타잇

전 식욕이 왕성해요.

I don't feel like eating.
아이 돈ㅌ 필 라익 이팅

먹고 싶은 생각이 없어요.

Do you always eat so fast?
두 유 올웨이즈 잇 쏘 패슷

항상 그렇게 빨리 먹으세요?

You're a big eater.
유어러 빅 이터

당신은 대식가이군요.

I'm afraid I ate too much.
아임 어프레이드 아이 에잇 투 머취

제가 과식을 했나 봐요.

I've been dieting.
아이브 빈 다이어팅

저는 다이어트 중입니다.

I don't have a good appetite.
아이 돈ㅌ 해버 굿 애피타잇

전 별로 식욕이 없어요.

This will spoil your appetite.
디쓰 윌 스포일 유어 애피타잇

이걸 먹으면 식욕이 없어져요.

술을 마시러 갈 때

Do you drink?

술은 마시니?

■ **Would you care for a drink?**
우쥬 케어 풔러 드링(크)

술 한 잔 하시겠어요?

■ **How about having a drink tonight?**
하우 어바웃 해빙 어 드링(크) 트나잇

오늘밤 한 잔 하시죠?

■ **Let me buy you a drink.**
렛 미 바이 유 어 드링(크)

한 잔 사고 싶은데요.

■ **Do you like to drink?**
두 유 라익 투 드링(크)

술 마시는 거 좋아하세요?

■ **Let's go have drink at my place.**
렛츠 고 해브 드링(크) 앳 마이 플레이스

저희 집에 가서 한 잔 합시다.

■ **How about something hard?**
하우 어바웃 썸씽 하드

술은 어때요?

■ **What do you want to drink?**
왓 두 유 원ㅌ 투 드링(크)

무얼 마시겠습니까?

Can I see your wine list?
캔 아이 씨 유어 와인 리슷

와인 메뉴 좀 볼까요?

Will you get us two beers?
윌 유 게터스 투 비어즈

맥주 두 잔 갖다 주세요.

Another bottle of beer for me, please.
어나더 바틀 옵 비어 풔 미, 플리즈

맥주 한 병 더 주세요.

On the rocks, please.
온 더 락스, 플리즈

얼음을 타서 주세요.

Is it strong?
이짓 스트롱

이 술은 독한가요?

What food do you have to go with your wine?
왓 푸드 두 유 해브 투 고 위듀어 와인

안주는 무엇이 있습니까?

Let's have a drink?
렛츠 해버 드링(ㅋ)

한 잔 합시다.

Would you like to something to drink?
우쥬 라익 투 썸씽 투 드링(ㅋ)

뭐 좀 마시겠어요?

■ **Would you like another glass of beer?**

우쥬 라익 어나더 글래스 옵 비어

맥주 한 잔 더 하시겠어요?

■ **Let me pour you a drink.**

렛 미 포 유어 드링(ㅋ)

제가 한 잔 따라 드리겠습니다.

■ **No, thanks. I'm too drunk.**

노, 땡스 아임 투 드렁크

아니오, 됐습니다. 과음했습니다.

■ **Let's get drunk.**

렛츠 겟 드렁크

취하도록 마셔 봅시다.

■ **Let's have a talk over drinks.**

렛츠 해버 토크 오버 드링스

마시면서 얘기 나눕시다.

■ **Let's go another round!**

렛츠 고 어나더 라운드

2차 갑시다.

■ **Let's have a toast!**

렛츠 해버 토우스트

건배합시다!

■ **To happiness for all of you!**

투 해피니스 풔 올 오뷰

여러분 모두의 행복을 위해!

Where would you like to go for dinner
오늘밤은 어디서 식사를 하지?

■ **Where would you like to go for dinner tonight?**
웨어 우쥬 라익 투 고 풔 디너 트나잇?

오늘밤은 어디서 식사를 할까요?

■ **Did you have a particular place in mind?**
디쥬 해버 퍼티컬러 플레이스 인 마인드

어디 특별히 정해 둔 식당이라도 있으세요?

■ **I heard about a new restaurant around here.**
아이 허드 어바우터 뉴 레스터런트 어라운드 히어

이 근처에 식당이 하나 있다고 들었어요.

■ **Can you recommend a good place for lunch?**
캔 유 레커멘드 굿 플레이스 풔 런치

점심 식사할 만한 좋은 식당 하나 추천해 주시겠어요?

■ **Is there a good restaurant around here?**
이즈 데어러 굿 레스터런트 어라운드 히어

이 근처에 맛있는 레스토랑은 없습니까?

■ **Do you have a Korean restaurant?**
두 유 해버 코리언 레스터런트

이 도시에 한국식 레스토랑은 있습니까?

■ **What do you want to try? Korean? American?**
왓 두 유 원트 투 트라이? 코리언? 어메리컨?

뭘 드시고 싶으세요. 한식, 양식?

203

Have you ever tried Korean food?

해뷰 에버 트라이드 코리언 푸드

한국 음식을 드셔본 적이 있으세요?

What are you having for lunch?

워라유 해빙 풔 런취

점심으로 뭘 드실 거예요?

Where do you recommend?

웨어 두 유 레커멘드

어디를 추천하시겠습니까?

Is the place popular among local people?

이즈 더 플레이스 파퓰러 어멍 로컬 피플

이곳 사람들에게 인기가 있는 가게입니까?

Are there any restaurants still open near here?

아 데어레니 레스터런츠 스틸 오픈 니어 히어

이 근처에서 아직 문을 연 식당이 있습니까?

Do you feel like Kalbitang?

두 유 필 라익 갈비탕

갈비탕 좋아하세요?

Where would you like to eat?

웨어 우쥬 라익 투 잇

어디서 먹고 싶으세요?

Where do you want to go?

웨어 두 유 원ㅌ 투 고

어디 가고 싶으세요?

I'll make a reservation.

내가 예약해둘게

■ **I'd like to book a table for two.**

아이드 라익 투 부커 테이블 풔 투

두 사람 좌석을 예약하고 싶습니다.

■ **I want to make a reservation for a table.**

아이 원트 투 메이커 레져베이션 풔러 테이블

좌석을 하나 예약하고 싶습니다.

■ **I'd like to reserve a table for tonight.**

아이드 라익 투 리저버 테이블 풔 트나잇

오늘밤에 좌석을 예약하고 싶습니다.

■ **May I have your name, please?**

메아이 해뷰어 네임, 플리즈

성함이 어떻게 되시죠?

■ **How large is your party?**

하우 라쥐 이쥬어 파티

손님은 몇 분입니까?

■ **Five persons at 6:30 p.m.**

파이브 퍼슨스 앳 식스 써티 피엠

오후 6시 반에 5명이 갑니다.

■ **Is there a dress code?**

이즈 데어러 드레스 코드

복장에 대해서 규제는 있습니까?

■ May I be of service?
메아이 비 옵 써비스

도와 드릴까요?

■ I don't have a reservation.
아이 돈ㅌ 해버 레저베이션

예약은 하지 않았습니다.

■ How many of you, sir?
하우 메니 오뷰, 써

몇 분이십니까?

■ A table for two, please.
어 테이블 풔 투, 플리즈

두 사람 좌석을 주십시오

■ I'd like a table for three.
아이드 라이커 테이블 풔 쓰리

세 사람 좌석을 원합니다.

■ Non-smoking section, please.
난 스모킹 섹션, 플리즈

금연석을 부탁합니다.

■ No tables are available now.
노 테이블즈 아 어베일러블 나우

지금 자리가 다 찼는데요.

■ How long do we have to wait?
하우 롱 두 위 헤브 투 웨잇

어느 정도 기다려야 합니까?

식사를 주문할 때

May we see the menu?

메뉴를 가져 오세요.

■ **Are you ready to order?**
아 유 레디 투 오더

주문을 받아도 될까요?

■ **Would you like to order now?**
우쥬 라익 투 오더 나우

이제 주문하시겠습니까?

■ **What would you like to drink?**
왓 우쥬 라익 투 드링(크)

마실 것은 무엇으로 하시겠습니까?

■ **Anything else?**
에니씽 엘스

다른 주문은 없습니까?

■ **What would you like to have for dessert?**
왓 우쥬 라익 투 해브 풔 디저트

디저트는 어떻게 하시겠습니까?

■ **Can I see the menu, please?**
캔 아이 씨 더 메뉴, 플리즈

메뉴 좀 볼 수 있을까요?

■ **Here's our menu, sir.**
히어즈 아워 메뉴, 써

메뉴 여기 있습니다, 손님.

■ **We are ready to order.**
위 아 레디 투 오더

주문을 하고 싶은데요

■ **We haven't decided yet.**
위 해븐ㅌ 디싸이디드 옛

아직 정하지 않았습니다.

■ **I'll have the same.**
아일 해브 더 쎄임

저도 같은 걸 부탁합니다.

■ **What's your suggestion?**
왓츄어 써제스쳔

추천 요리는 무엇입니까?

■ **What can you serve quickly?**
왓 캔 유 써브 퀴클리

무엇이 빨리 됩니까?

■ **What's the taste?**
왓츠 더 테이슷(ㅌ)

이건 어떤 맛입니까?

■ **I'll have a rump steak.**
아윌 해버 럼 스테익

나는 럼 스테이크를 먹겠습니다.

■ **Same here.**
세임 히어

같은 것으로 주세요.

Could you take our orders a little later?
쿠쥬 테이카워 오더스 어 리틀 레이터

잠시 후에 주문을 받으시겠습니까?

I still don't know what to order.
아이 스틸 돈트 노우 왓 투 오더

무엇을 주문해야할지 모르겠군요.

What's today's special?
왓츠 트데이스 스페셜

오늘의 특별 요리는 뭐죠?

What kind of dish is this?
왓 카인돕 디쉬 이즈 디쓰

이건 무슨 요리입니까?

What's good here?
왓츠 굿 히어

이곳의 전문 요리는 뭐죠?

What's that person having?
왓츠 댓 퍼슨 해빙

저 사람이 먹고 있는 건 뭡니까?

Any suggestions?
에니 써제스천스

권할만한 음식이 있습니까?

How would you like it?
하우 우쥬 라이킷

요리는 어떻게 익혀 드릴까요?

Will it take much longer?
아직 시간이 많이 걸립니까?

■ **Will it take much longer?**
윌릿 테익 머취 롱거

아직 시간이 많이 걸립니까?

■ **My order hasn't come yet.**
마이 오더 해즌ㅌ 컴 옛

주문한 음식이 아직 안 나왔습니다.

■ **We're still waiting for our food.**
위어 스틸 웨이팅 풔 아워 푸드

아직 요리가 안 나오는데요.

■ **What happened to my order?**
왓 해펀드 투 마이 오더

주문한 것 어떻게 된 거죠?

■ **The service is slow.**
더 써비스 이즈 슬로우

서비스가 더디군요.

■ **I didn't order this.**
아이 디든ㅌ 오더 디쓰

이건 주문하지 않았습니다.

■ **Could you take it back, please?**
쿠쥬 테이킷 백, 플리즈

다시 가져다 주시겠어요?

■ **There's something in the soup.**
데어즈 썸씽 인 더 쑤웁

수프에 뭐가 들어 있어요

■ **There is something strange in my food.**
데어리즈 썸씽 스트레인지 인 마이 푸드

음식에 이상한 것이 들어 있어요

■ **I'm afraid this meat is not done enough.**
아임 어프레이드 디쓰 미트 이즈 낫 던 이넙

이 고기는 충분히 익지 않았는데요

■ **Could I have it broiled a little more?**
쿠다이 해빗 보로일더 리틀 모어

좀 더 구워 주시겠어요?

■ **This milk tastes funny.**
디쓰 밀크 테이스츠 풔니

이 우유 맛이 이상합니다

■ **I'm afraid this food is stale.**
아임 어프레이드 디쓰 푸드 이즈 스테일

이 음식이 상한 것 같아요

■ **Can I change my order?**
캔 아이 췌인쥐 마이 오더

주문을 바꿔도 될까요?

■ **I want to cancel my order.**
아 원트 투 캔쓸 마이 오더

주문을 취소하고 싶은데요

Would you like to taste this?

이거 좀 먹어볼래?

◘ **Will you have something else?**

윌 유 해브 썸씽 엘쓰

다른 것을 더 드시겠습니까?

◘ **Would you care for anything else?**

우쥬 케어 풔 에니씽 엘쓰

뭐 다른 것을 더 드시겠습니까?

◘ **Is there anything else I can get you?**

이즈 데어 에니씽 엘쓰 아이 캔 게츄

뭐 다른 것을 더 가져다 드릴까요?

◘ **Anything else?**

에니씽 엘쓰

그밖에 다른 것은요?

◘ **Would you like some dessert?**

우쥬 라익 썸 디저트

디저트를 좀 드시겠습니까?

◘ **Could you bring me some sliced tomatoes?**

쿠쥬 브링 미 썸 슬라이스트 터메이토우즈

얇게 썬 토마토 좀 주시겠어요?

◘ **One side order of sliced tomatoes. Very good.**

원 싸이드 오더롭 슬라이스트 터메이토우즈 베리 굿

얇게 썬 토마토 하나 추가요. 좋습니다.

212

No, thanks. It was delicious.
노, 땡스 잇 워즈 딜리셔스

아니, 됐습니다. 맛있었습니다.

Can I offer you another cup of coffee?
캔 아이 오퍼류 어나더 커폽 코피

커피를 한 잔 더 드릴까요?

Yes, please. I'd love some.
예쓰, 플리즈 아이드 러브 썸

네, 주세요. 좀 마시고 싶군요.

Would you like to order some dessert now?
우쥬 라익 투 오더 썸 디저트 나우

지금 디저트를 주문하시겠습니까?

Could you please clear the table?
쿠쥬 플리즈 클리어 더 테이블

식탁 좀 치워 주시겠어요?

Wipe the water off the table, please.
와이프 더 워터 오프 더 테이블, 플리즈

테이블 위에 물 좀 닦아주세요.

Would you take the dishes away?
우쥬 테익 더 디쉬즈 어웨이?

이 접시들 좀 치워 주시겠어요?

May I have more water?
메아이 해브 모어 워터

물 좀 더 주시겠어요?

Check, please.

계산을 부탁합니다.

■ I hope you enjoyed your meal.

아이 호퓨 인죠이드 유어 밀

식사를 맛있게 드셨기를 바랍니다.

■ Did you enjoy your lunch?

디쥬 인죠이 유어 런취

점심 식사 맛있게 드셨어요?

■ I enjoyed it very much.

아이 인죠이드 잇 베리 머취

아주 맛있게 먹었습니다.

■ Thank you for your lunch.

땡큐 풔 유어 런취

점심 식사를 대접해 주셔서 고맙습니다.

■ I enjoyed your drink.

아이 인죠이드 유어 드링크

술 잘 마셨습니다.

■ Is everything all right?

이즈 에브리씽 올 롸잇

모든 게 괜찮았습니까?

■ Do you have a dogy bag?

두 유 해버 더기 백

남은 요리를 가지고 가고 싶은데요.

It was very good. thank you.
잇 워즈 베리 굿. 땡큐

잘 먹었습니다. 고맙습니다.

Do I pay you?
두 아이 페이 유

지금 지불할까요?

No, sir. Please pay the cashier.
노, 씨어. 플리즈 페이 더 캐쉬어

아니오. 카운터에서 계산해 주십시오.

May I have the bill, please?
메아이 해브 더 빌, 플리즈

계산서를 주시겠습니까?

I'll pay for it.
아일 페이 풔릿

내가 지불하겠습니다.

Let me share the bill.
렛 미 쉐어 더 빌

나누어 계산하기로 합시다.

Let's go Dutch, shall we?
렛츠 고 더취, 쉘 위

각자 계산하기로 합시다.

Let me treat you this time.
렛 미 트리트 유 디쓰 타임

이번에는 내가 사죠.

■ **Check, please.**
첵, 플리즈

계산서를 부탁합니다.

■ **Separate checks, please.**
쎄퍼레잇 첵스, 플리즈

따로따로 지불을 하고 싶은데요.

■ **Is it including the service charge?**
이짓 인클루딩 더 써비스 촤쥐

봉사료는 포함되어 있습니까?

■ **There's a mistake in the bill.**
데어저 미스테익 인 더 빌

청구서에 잘못 된 것이 있습니다.

■ **I didn't order this.**
아이 디든ㅌ 오더 디쓰

이건 주문하지 않았습니다.

■ **I got the wrong change.**
아이 갓 더 륑 췌인쥐

거스름돈이 틀립니다.

■ **Would this be one check or separate?**
우드 디쓰 비 원 첵 오어 쎄퍼레잇

계산서 하나로 할까요, 따로따로 할까요?

■ **You can pay next time.**
유 캔 페이 넥슷 타임

다음에 당신이 내세요.

가게를 찾을 때

Let's go shopping.

쇼핑하러 가자.

■ **Let's go shopping.**

렛츠 고 샤핑

쇼핑하러 가자.

■ **Are you going shopping today?**

아 유 고잉 샤핑 트데이

오늘 쇼핑하러 갈 겁니까?

■ **Excuse me. Where is the department store?**

익스큐즈 미. 웨어리즈 더 디파트먼트 스토어

실례합니다. 백화점은 어디에 있습니까?

■ **Where can I buy children's clothing?**

웨어 캔 아이 바이 칠드런즈 클로우딩

아동복은 어디서 사죠?

■ **Where do they sell toys?**

웨어 두 데이 쎌 토이즈

장난감은 어디서 팝니까?

■ **Where can I buy a film?**

웨어 캔 아이 바이 어 필름

필름은 어디서 살 수 있습니까?

■ **Where is the information booth?**

웨어리즈 디 인포메이션 부쓰

매장 안내소는 어디입니까?

■ **Which floor is the men's wear on?**

위치 플로리즈 더 멘즈 웨어론

남성복은 몇 층에 있습니까?

■ **Where can I buy that?**

웨어 캔 아이 바이 댓

그건 어디서 살 수 있습니까?

■ **Is there a department store?**

이즈 대어러 디파트먼트 스토어

면세품점이 있습니까?

■ **Is there a tax-free shop?**

이즈 데어러 택스-프리 샵

면세품 상점이 있습니까?

■ **What time does the store open?**

왓 타임 더즈 더 스토어 오픈

가게는 몇 시에 엽니까?

■ **How late are you open?**

하우 레잇 아 유 오픈

그 가게는 몇 시까지 하나요?

■ **What time your business hours?**

왓 타임 유어 비즈니스 아우어즈

영업시간은 어떻게 되죠?

■ **Are you open on Sundays?**

아 유 오픈 온 선데이즈

일요일에도 영업합니까?

I'm just looking.
그냥 보고 있어요.

■ **May I help you?**
메아이 헬퓨

뭘 도와 드릴까요?

■ **Just looking.**
저슷 루킹

그냥 둘러보고 있어요.

■ **Would you show me that one?**
우쥬 쇼 미 댓 원

저걸 보여 주겠어요?

■ **May I touch this?**
메아이 터취 디쓰

이걸 만져도 됩니까?

■ **What are you looking for?**
워라유 루킹 풔

뭘 찾고 계십니까?

■ **This one, please.**
디스 원, 플리즈

이걸 주세요.

■ **Nothing for me.**
낫씽 풔 미

마음에 든 것이 없습니다.

We don't carry that item.
위 돈트 캐리 댓 아이텀

그런 상품은 취급하지 않습니다.

Do you have one like this?
두 유 해브 원 라익 디쓰

이것과 같은 것이 있나요?

They're all sold out.
데이어 올 솔드 아웃

마침 그 물건이 떨어졌습니다.

The item is out of stock.
디 아이텀 이즈 아우톱 스탁

그 상품은 재고가 없습니다.

This is the largest selling brand.
디씨즈 더 라쥐스트 셀링 브랜드

이것이 가장 잘 팔리는 상품입니다.

How do you like this one?
하우 두 유 라익 디쓰 원

이것은 어떻습니까?

Which brand do you want?
위치 브랜드 두 유 원트

어떤 상표를 원하십니까?

Will you show me some?
윌 유 쇼우 미 썸

몇 가지 더 보여 주시겠어요?

It doesn't fit.

사이즈가 안 맞아요.

■ May I try this on?
메아이 트라이 디쓰 온

입어 봐도 되겠습니까?

■ Do you have this one in my size?
두 유 해브 디스 원 인 마이 싸이즈

이걸로 내게 맞는 사이즈는 있습니까?

■ In different colors?
인 디�풔런 컬러즈

색상이 다른 건 있습니까?

■ How's the fit?
하우즈 더 핏

어때요, 잘 맞습니까?

■ It doesn't fit me.
잇 더즌트 핏 미

저에게 맞지 않습니다.

■ It fits me very well.
잇 피츠 미 베리 웰

저에게 잘 맞습니다.

■ It's too tight(loose).
잇츠 투 타잇(루스)

이건 너무 꽉 끼는데요(헐렁해요).

Don't you have a larger one?
돈츄 해버 라져 원

더 큰 것은 없나요?

What size do you wear(need)?
왓 싸이즈 두 유 웨어(니드)

어떤 사이즈를 입으세요(찾으세요)?

Can I see that dress in the window?
캔 아이 씨 댓 드레씬 더 윈도우

진열장 안에 있는 저 드레스를 볼 수 있을까요?

This is just my size.
디씨즈 저슷 마이 싸이즈

사이즈가 마치 좋습니다.

I don't really like it.
아이 돈ㅌ 리얼리 라이킷

별로 마음에 안 들어요.

This shirt is washable.
디쓰 셔츠 이즈 워셔블

이 셔츠는 물세탁이 가능합니다.

Please show me another one in this size.
플리즈 쇼 미 어나더 원 인 디쓰 사이즈

이 사이즈로 다른 걸 보여 주세요.

What is fashionable?
와리즈 패셔너블

지금 유행하고 있는 것이 뭔가요?

If you discount I'll buy.

깎아주면 살게요.

■ **It's too expensive.**

잇츠 투 익스펜시브

너무 비쌉니다.

■ **How much are you asking?**

하우 머취 아 유 애스킹

얼마면 되겠습니까?

■ **Can you give me a discount?**

캔 유 기브 미 어 디스카운트

깎아줄래요?

■ **Anything cheaper?**

에니씽 칩퍼

더 싼 것은 없습니까?

■ **If you discount I'll buy.**

이퓨 디스카운트 아일 바이

깎아주면 살게요.

■ **Can you come down on the price?**

캔 유 컴 다운 온 더 프라이스

값 좀 싸게 해주세요.

■ **We can't reduce the price.**

위 캔트 리듀스 더 프라이스

할인해 드릴 수 없습니다.

How much is it?

얼마입니까?

◼ I'll take this one.

아일 테익 디쓰 원

이걸 주세요.

◼ Where do I pay?

웨어 두 아이 페이

어디서 계산을 하죠?

◼ Will you add these up for me?

윌류 애드 디접 풔 미

이것들도 계산해 주시겠어요?

◼ How much in all?

하우 머취 인 올

합계가 얼마입니까?

◼ How will you be paying for it?

하우 윌 유 비 페잉 풔릿

어떻게 지불하시겠습니까?

◼ Will this be cash or charge?

윌 디쓰 비 캐쉬 오어 차쥐

현금으로 지불하시겠습니까, 아니면 카드로 지불하시겠습니까?

◼ Will you take credit cards?

윌 유 테익 크레딧 카즈

신용카드를 받습니까?

■ **Do you honor traveler's checks?**
두 유 아너 트레벌러즈 첵스

여행자수표를 받습니까?

■ **I'll pay in cash.**
아일 페이 인 캐쉬

현금으로 낼게요.

■ **Let me pay for it with my card.**
렛 미 페이 풔릿 위드 마이 카드

신용카드로 계산하겠습니다.

■ **Can I use this credit card?**
캔 아이 유즈 디쓰 크레딧 카드

이 신용카드는 됩니까?

■ **Here is your change.**
히어리즈 유어 췌인쥐

여기 거스름돈이 있습니다.

■ **You gave me the wrong change.**
유 게브 미 더 륑 췌인쥐

거스름돈이 틀립니다.

■ **You gave me too much change.**
유 게이브 미 투 머취 췌인쥐

거스름돈을 더 주셨습니다.

■ **Let me have a receipt, please.**
렛 미 해버 리싯 플리즈

영수증 좀 끊어주세요.

선물을 살 때

It's a birthday present.
생일 선물이야.

■ **I'm looking for souvenirs for my family.**
아임 룩킹 풔 수버니어즈 풔 마이 패밀리

가족에게 줄 선물을 찾고 있습니다.

■ **I'm looking for typical crafts of this area.**
아임 룩킹 풔 티피컬 크래프츠 옵 디스 에리어

이 지방의 대표적인 공예품을 찾고 있습니다.

■ **Could you help me to make a selection?**
쿠쥬 헬프 미 투 메이커 실렉션

고르는 데 도움을 주시겠습니까?

■ **It's a birthday present.**
잇처 버쓰데이 프레즌트

생일선물이야.

■ **Do you have anything educational?**
두 유 해브 에니씽 에듀케이셔널

교육적인 것이 있습니까?

■ **What gift would you recommend for my wife?**
왓 깁트 우쥬 레커멘드 풔 마이 와입(ㅍ)

제 아내한테 줄 선물로 무엇이 좋을까요?

■ **Should I get gift certificates?**
슈다이 겟 깁트 써티피컷츠

상품권으로 할까?

식료품을 살 때

Where's the canned food section?

통조림 코너는 어디인가요?

■ **Where do you usually go to buy groceries?**
웨어 두 유 유주얼리 고 투 바이 그로우써리즈?

보통 식료품은 어디서 사나요?

■ **Do you have a lot of things to buy today?**
두 유 해버 랏 옵 씽스 투 바이 트데이

오늘 살 게 많니?

■ **Let's go the meat counter.**
렛츠 고 더 미트 카운터

고기 매장에 가자.

■ **Are these watermelons fresh?**
아 디즈 워터멜런스 프레쉬

이 수박 신선해요?

■ **These don't look fresh.**
디즈 돈트 룩 프레쉬

이것들은 신선해 보이지 않네요.

■ **Is this fish fresh?**
이즈 디쓰 피쉬 프레쉬

이 생선 신선한가요?

■ **Do you have shrimps bigger than these?**
두 유 해브 쉬림(프)스 비거 댄 디즈

이것보다 큰 새우는 있나요?

Wrap them separately.

이걸 따로따로 포장해 주세요.

■ **Would you have them wrapped?**

우쥬 해브 뎀 랩트

포장을 해 주시겠어요?

■ **Could you wrap this up as a gift?**

쿠쥬 랩 디섭 애저 깁트

이걸 선물용으로 포장해 주시겠어요?

■ **Would you add a ribbon?**

우쥬 애더 리번

리본을 달아서 포장해 주세요.

■ **Wrap them separately.**

랩 뎀 세퍼러틀리

이걸 따로따로 포장해 주세요.

■ **Is it possible to get a box for this?**

이짓 파써블 투 게터 박스 풔 디쓰

이거 넣을 수 있는 박스 좀 얻을 수 있을까요?

■ **Can you deliver it to this address?**

캔 유 딜리버릿 투 디쓰 어드레스

이 주소로 배송해 주시겠어요?

■ **How much does delivery cost?**

하우 머취 더즈 딜리버리 코슷(ㅌ)

배송료는 얼마입니까?

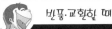

Could you exchange this?

이걸 바꿔 주세요.

■ I'd like to return this.

아이드 라익 투 리턴 디쓰

이걸 반품하고 싶은데요.

■ Can I exchange this?

캔 아이 익스췌인쥐 디쓰

이걸 교환해 주시겠어요?

■ Do you have the receipt?

두 유 해브 더 리씻

영수증 가시고 계십니까?

■ Here's the receipt.

히어즈 더 리씻

여기 영수증이 있습니다.

■ I bought it yesterday.

아 보우팃 예스터데이

어제 샀는데요.

■ I'd like to exchange this.

아이드 라익 투 익스췌인쥐 디쓰

이걸 교환해 주었으면 하는데요.

■ Why are you returning it?

와이 아 유 리터닝 잇

왜 반품을 하시려는 거죠?

229

It's dirty.
잇츠 더티

때가 묻었습니다.

It's broken.
잇츠 브로컨

깨져 있습니다.

It's ripped.
잇츠 립트

찢어있습니다.

It doesn't work at all.
잇 더즌ㅌ 웍 애톨

전혀 작동이 안 돼요.

I bought the wrong size.
아이 보우트 더 륑 싸이즈

사이즈를 잘 못 알았어요.

I'd like a refund for this skirt.
아이드 라이커 리펀드 풔 디쓰 스커트

이 스커트를 환불받고 싶은데요.

I bought it yesterday.
아이 보우팃 예스터데이

어제 샀는데요.

I think it's defective.
아이 씽크 잇츠 디펙티브

불량품인 것 같은데요.

I'm confident of my health.

건강에는 자신이 있어.

◼ I'm very healthy.

아임 베리 헬시

나 무척 건강해.

◼ I'm confident of my health.

아임 칸퓌던트 옵 마이 헬쓰

건강에는 자신이 있어.

◼ What do you do to stay healthy?

왓 두 유 두 투 스테이 헬씨

건강 유지를 위해 무엇을 하세요?

◼ I go jogging everyday.

아이 고 쟈깅 에브리데이

매일 조깅을 합니다.

◼ Do you get much exercise?

두 유 겟 머취 엑서싸이즈

운동을 많이 하십니까?

◼ I'm in a fairly good shape.

아임 이너 페어리 굿 쉐입

저는 건강 상태가 아주 좋아요

◼ My health is not so good.

마이 헬쓰 이즈 낫 쏘 굿

저는 건강 상태가 별로 안 좋아요

■ **Something must be wrong with me.**
썸씽 머슷 비 륑 위드 미

몸에 이상이 있는 것 같아요.

■ **I easily get tired these days.**
아이 이질리 겟 타이어드 디즈 데이즈

요즘은 쉽게 피로해져요.

■ **I'm getting old.**
아임 겟팅 올드

나이를 먹었나봐.

■ **I get of breath when I go up stairs.**
아이 게톱 브레쓰 웬 아이 고 업·스테어스

계단을 오르면 숨이 차.

■ **I'm trying to drink less.**
아임 트라잉 투 드링(ㅋ) 레스

술을 줄이려고 마음먹었어.

■ **I gave up smoking.**
아이 게이법 스모킹

담배를 끊었어.

■ **I'm on a diet now.**
아임 오너 다이엇 나우

지금 다이어트 중이야.

■ **I have suddenly lost weight.**
아이 해브 써든리 로슷 웨잇(ㅌ)

갑자기 몸무게가 줄었어요.

How are you feeling?

기분은 어때?

■ **How are you feeling?**

하우 아 유 필링?

기분은 어때요?

■ **You don't look very well.**

유 돈ㅌ 룩 베리 웰

힘이 없어 보여.

■ **Are you all right?**

아 유 올 롸잇

괜찮아요?

■ **Are you feeling better?**

아 유 필링 베터

기분은 좋아졌니?

■ **You look pale.**

유 룩 페일

안색 안 좋아 보여.

■ **Why don't you lie down for a while?**

와이 돈츄 라이 다운 풔러 와일

잠시 쉬는 게 어떻겠니?

■ **Have you taken any medicine?**

해뷰 테이큰 에니 메디쓴

약은 먹었니?

I have a slight cold.

약간 감기 기운이 있어요.

◼ **I have a cold.**

아이 해버 콜드

감기에 걸렸습니다.

◼ **I have a slight cold.**

아이 해버 슬라잇 콜드

약간 감기 기운이 있어요.

◼ **I feel a cold coming on.**

아이 필 어 콜드 커밍 온

감기 기운이 있습니다.

◼ **I've had this cold for over a week.**

아이브 해드 디쓰 콜드 풔 오버러 윅

1주일 넘게 감기를 앓고 있습니다.

◼ **I have a high fever.**

아이 해버 하이 퓌붜

고열이 있습니다.

◼ **I have a cough and my nose is running.**

아이 해버 코프 앤 마이 노우지즈 륀닝

기침이 나고 콧물이 흐릅니다.

◼ **I ache all over.**

아이 에익 올 오버

몸살이 있습니다.

I want to see a doctor.

의사에게 진찰을 받고 싶은데요.

- **Would you call a doctor for me?**

  우쥬 콜러 닥터 풔 미

  의사를 불러 주시겠습니까?

- **Is there a hospital nearby?**

  이즈 데어러 하스피틀 니어바이

  근처에 병원이 있습니까?

- **Please take me to the hospital.**

  플리즈 테익 미 투 더 하스피틀

  병원에 데려다 주세요.

- **Call an ambulance, please.**

  콜 언 앰뷸런스, 플리즈

  구급차를 불러 주세요.

- **What's the matter?**

  왓츠 더 매터

  어디가 아프십니까?

- **What brings you in?**

  왓 브링스 유 인

  어디가 아파서 오셨습니까?

- **Can you describe to me how you feel?**

  캔 유 디스크라이브 투 미 하우 유 필

  상태가 어떤지 말씀해 주시겠습니까?

■ **How long have you had this pain?**

하우 롱 해뷰 해드 디쓰 페인

이렇게 아픈지 얼마나 됐습니까?

■ **Let me check you.**

렛 미 첵큐

검진해 봅시다.

■ **Let me check your temperature.**

렛 미 첵큐어 템퍼러춰

체온을 재보겠습니다.

■ **Let's take your temperature.**

렛츠 테이큐어 템퍼러춰

열을 재봅시다.

■ **Let's take your blood pressure.**

렛츠 테이큐어 블러드 프레셔

혈압을 재봅시다.

■ **I will give you a shot.**

아이 윌 기뷰어 샷

주사 한 대 놓겠습니다.

■ **You should be hospitalized.**

유 슈드 비 하스피털라이즈드

입원해야만 합니다.

■ **How long will it take before I recover?**

하우 롱 윌릿 테익 비풔 아이 리커버

얼마나 있어야 나을까요?

It hurts right here.

여기가 아파요.

■ **I have a splitting headache.**

아이 해버 스플리팅 헤드에익

머리가 깨질 듯이 아픕니다.

■ **It hurts right here.**

잇 허츠 롸잇 히어

여기가 아파요

■ **I have a terrible headache.**

아이 해버 테러블 해데익

심한 두통이 있어요

■ **I feel tired and run down.**

아이 필 타이어드 앤 런 다운

피곤하고 기운이 없어요

■ **I feel dizzy and faint.**

아이 필 디지 앤 페인트

어지럽고 쓰러질 것 같아요

■ **I have a cough and a fever.**

아이 해버 코프 앤더 피버

기침과 열이 나요

■ **I have a stomachache.**

아이 해버 스터머케익

배가 아파요

■ I have a diarrhea.
아이 해버 다이어리어

설사를 해요

■ I have a toothache.
아이 해버 투쎄익

이가 아파요

■ I have an earache.
아이 해번 이레익

귀가 아파요

■ I have a stiff neck.
아이 해버 스티프 넥

목이 뻐근해요

■ I have a swollen foot.
아이 해버 서월런 풋

다리가 부었어요

■ I have an insect bite.
아이 해번 인섹트 바이트

벌레한테 물렸어요

■ I have no appetite.
아이 해브 노 애피타잇

식욕이 없어요

■ I feel little better.
아이 필 리틀 베터

조금 나아진 것 같습니다.

What's wrong with me?

저는 어디가 안 좋은가요

◼ Is it only a cold?

이짓 온리 어 콜드

단지 감기입니까?

◼ What is the cause of this pain?

와리즈 더 코즈 옵 디쓰 페인

이 통증의 원인은 무엇입니까?

◼ Do I need to take any medicine?

두 아이 니드 투 테익 에니 메디쓴

약을 먹을 필요가 있습니까?

◼ I'm on medication now.

아임 온 메디케이션 나우

지금 약을 먹고 있습니다.

◼ Do I need to have tests?

두 아이 니드 투 해브 테스츠

검사를 받을 필요가 있습니까?

◼ Will I be able to get well soon?

윌 아이 비 에이블 투 겟 웰 쑨

곧 좋아질까요?

◼ How long will it take before I get well?

하우 롱 윌릿 테익 비풔 아이 겟 웰

얼마나 되면 좋아질까요?

Does it hurt?

아프니?

■ **It's bleeding.**
잇츠 블리딩

피가 나요.

■ **It won't stop bleeding.**
잇 원트 스탑 블리딩

피가 안 멈춰요.

■ **Does it hurt?**
더짓 허트

아프니?

■ **Can you give me bandage?**
캔 유 기브 미 밴디쥐

붕대를 주세요.

■ **How did this happen?**
하우 디드 디쓰 해펀

어쩌다가 이렇게 되었어요.

■ **I hurt myself working out.**
아이 허트 마이셀프 워킹 아웃

운동하다가 다쳤어요.

■ **My back went out.**
마이 백 웬타웃

허리를 삐었습니다.

■ **I think I broke my arm.**

아이 씽(ㅋ) 아이 브로크 마이 암

팔이 부러진 것 같아요.

■ **I have a severe muscle pain.**

아이 해버 씨비어 머슬 페인

근육통이 심합니다.

■ **I can barely move my neck.**

아이 캔 베얼리 무브 마이 넥

목을 거의 움직일 수가 없어요.

■ **I stepped on a piece of broken glass.**

아이 스텝트 오너 피숍 브로큰 글래스

깨진 유리조각을 밟았어요.

■ **I burned my hand with boiling water.**

아이 번드 마이 핸드 위드 보일링 워터

끓는 물에 손을 데었습니다.

■ **I'm black and blue all over.**

아임 블랙 앤 블루 올 오버

온몸에 멍이 들었습니다.

■ **The wound is swollen.**

더 운드 이즈 사월런

상처가 부었습니다.

■ **Pus formed in the wound.**

퍼스 폼드 인 더 운드

상처에 고름이 생겼습니다.

Can you fill my prescription?

조제는 해주나요?

■ **Do you have anything for a cold?**

두 유 해브 에니씽 풔러 콜드

감기에 좋은 약이 있나요?

■ **Why don't you take an aspirin?**

와이 돈츄 테이컨 애스퍼린

아스피린을 한번 드셔 볼래요?

■ **How many should I take?**

하우 메니 슈다이 테익

몇 알씩 먹어야 하나요?

■ **Only one at a time.**

온리 원 애터 타임

한번에 한 알씩만 복용하십시오

■ **How often should I take these pills?**

하우 오픈 슈다이 테익 디즈 필스

얼마나 자주 이 알약을 복용해야 됩니까?

■ **Take one in every five hours.**

테익 원 인 에브리 파이브 아워즈

매 5시간마다 한 알씩 복용하세요.

■ **Take this prescription to a druggist.**

테익 디쓰 프리스크립션 투 어 드러기스트

약사에게 이 처방전을 가져가십시오

Will you please get this prescription filled?

월 유 플리즈 겟 디쓰 프리스크립션 필드

이 처방전대로 약을 지어 주세요.

Do you have the prescription?

두 유 해브 더 프리스크립션

처방전 가져 오셨습니까?

You can't buy it without the prescription.

유 캔ㅌ 바이 잇 위다웃 더 프리스크립션

처방전 없이는 약을 살 수 없습니다.

Three times a day before meal, please.

쓰리 타임즈 어 데이 비풔 밀, 플리즈

1일 3회, 식전에 복용하세요.

Which one is the pain-killer?

위치 원 이즈 더 페인 킬러

진통제는 어느 것입니까?

What is this medicine for?

와리즈 디쓰 메디쓴 풔

이것은 무슨 약입니까?

Do you have anything for a headache?

두 유 해브 에니씽 풔러 헤데익

두통에 잘 듣는 약은 있습니까?

Can I have some plasters and bandage?

캔 아이 해브 썸 플래스터즈 앤 밴디쥐

반창고와 붕대를 주시겠어요?

해외여행·비즈니스의 표현

PART 07

I want to be on the waiting list.
대기를 하고 싶은데요.

■ **May I have your ticket?**
메아이 해뷰어 티킷

탑승권을 보여 주세요.

■ **Yes, here it is.**
예쓰, 히어 이리즈

네, 여기 있습니다.

■ **Can I check-in here?**
캔 아이 체킨 히어

여기서 체크인할 수 있습니까?

■ **When is the boarding time?**
웨니즈 더 보딩 타임?

탑승 개시는 몇 시부터입니까?

■ **Where can I get an embarkation card?**
웨어 캔 아이 게턴 엠바케이션 카드

출국카드는 어디서 받습니까?

■ **I must catch the flight.**
아이 머슷 캐취 더 플라잇

꼭 그 비행기를 타야 합니다.

■ **Can I carry this in the cabin?**
캔 아이 캐리 디쓰 인 더 캐빈

이것은 기내에 가지고 들어갈 수 있습니까?

Can I change seats?

자리를 바꿔도 될까요?

■ **Where's my seat, please?**

웨어즈 마이 씻 플리즈

제 자리는 어디입니까?

■ **Would you show me your boarding pass?**

우쥬 쇼 미 유어 보딩 패스

탑승권을 보여 주시겠습니까?

■ **I'd like to change seats.**

아이드 라익 투 췌인쥐 씨츠

자리를 바꾸고 싶습니다.

■ **Excuse me, I'd like to get through.**

익스큐즈 미, 아이드 라익 투 겟 쓰루

미안합니다. 지나가도 될까요?

■ **Excuse me, but I'm afraid this is my seat.**

익스큐즈 미, 벗 아임 어프레이드 디씨즈 마이 씻

실례지만, 여긴 제 자리입니다.

■ **Excuse me!**

익스큐즈 미

여보세요!

■ **What would you like to drink?**

왓 우쥬 라익 투 드링

어떤 음료를 드릴까요?

■ **Do you have a beer?**

두 유 해버 비어

맥주는 있습니까?

■ **Another orange juice, please.**

어나더 오렌지 쥬스, 플리즈

오렌지주스를 하나 더 주세요

■ **Do you have Korean newspapers or magazines?**

두 유 해브 코리언 뉴즈페이퍼즈 오어 매거진즈

한국 신문이나 잡지는 있나요?

■ **May I have a blanket?**

메아이 해버 블랭킷

모포를 주시겠어요?

■ **How many meals will be served?**

하우 메니 밀즈 윌 비 써브드

식사는 몇 번 나옵니까?

■ **Do you sell duty-free goods on the flight?**

두 유 셀 듀티 프리 굿즈 온 더 플라잇?

기내에서 면세품은 판매하나요?

■ **Will this flight get to Los-Angeles on time?**

윌 디쓰 플라잇 겟 투 로스 앤젤러스 온 타임

로스앤젤레스에는 정시에 도착합니까?

■ **My knees have started to ache.**

마이 니즈 해브 스타티드 투 에익

무릎이 아픈데요.

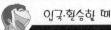

Can I have an immigration form?

입국카드를 주세요.

■ **We'll arrive soon.**

위일 어라이브 쑨

이제 곧 도착이다.

■ **Can I have an immigration form?**

캔 아이 해번 이머그레이션 폼

입국카드를 주시겠어요?

■ **May I see your passport, please?**

메아이 씨 유어 패스폿, 플리즈

여권 좀 보여 주시겠습니까?

■ **What's the purpose of your visit?**

왓츠 더 퍼퍼스 오뷰어 비짓

여행 목적은 무엇입니까?

■ **Sightseeing(Business, Home-stay, Studying).**

싸잇씨잉(비지니스, 홈-스테이, 스터딩)

관광(일, 홈스테이, 유학)입니다.

■ **How long are you going to stay?**

하우 롱 아 유 고잉 투 스테이

어느 정도 체재합니까?

■ **For ten days(one week).**

풔 텐 데이즈(원 위크)

10일간(1주일)입니다.

Where are you going to stay?
웨어라 유 고잉 투 스테이

어디에 체재합니까?

At the Sheraton(my friend's house).
앳 더 쉐라톤(마이 프렌즈 하우스)

쉐라톤호텔(친구 집)에 머뭅니다.

Would you show me your return ticket?
우쥬 쇼우 미 유어 리턴 티킷

돌아가는 항공권을 보여 주세요

All the passengers get off the plane?
올 더 패씬져즈 게롭 더 플레인

(스튜어디스에게) 모두 내립니까?

When is the boarding time?
웨니즈 더 보딩 타임

탑승시간은 몇 시입니까?

What's the gate number?
왓츠 더 게잇 넘버

게이트는 몇 번입니까?

How long should I wait?
하우 롱 슈다이 웨잇

어느 정도 기다려야 합니까?

Is my flight on schedule?
이즈 마이 플라잇 온 스케쥴

제 비행은 예정 대로입니까?

세관검사

I have nothing to declare.
신고할 것은 없습니다.

■ **I can't find my suitcase.**
아이 캔ㅌ 파인드 마이 슛케이스

트렁크가 보이지 않습니다.

■ **It has my name tag.**
잇 해즈 마이 네임 태그

이름표가 붙어 있어요.

■ **Please check on it immediately.**
플리즈 첵콘 잇 이미디어틀리

당장 알아봐 주세요.

■ **Let me see your claim tag.**
렛 미 씨 유어 클레임 태그

수화물 보관증을 보여 주세요.

■ **Where's the ABC counter?**
웨어즈 디 에이비씨 카운터

ABC항공의 카운터는 어디입니까?

■ **Open your bag, please. What's this?**
오픈 유어 백, 플리즈. 왓츠 디쓰

가방을 열어 주십시오. 이것은 무엇입니까?

■ **Anything to declare?**
에니씽 투 디클레어

무슨 신고할 것을 가지고 있습니까?

I have nothing to declare.
아이 해브 낫씽 투 디클레어

신고할 것은 없습니다.

Yes, this one.
예쓰, 디스 원

네, 이것입니다.

What do you have in this bag?
왓 두 유 해브 인 디쓰 백

이 가방에 무엇이 들어 있습니까?

I have personal articles.
아이 해브 퍼스널 아티클즈

일용품입니다.

They're gifts.
데이어 기프츠

선물용입니다.

Instant noodle.
인스턴트 누들

인스턴트 라면입니다.

Where should I pay the duty?
웨어 슈다이 페이 더 듀티

어디에서 관세를 지불하면 됩니까?

How much is the duty?
하우 머취 이즈 더 듀티

관세는 얼마입니까?

택시를 탈 때

Call me a taxi, please.
택시를 불러주세요.

■ **Where's the taxi stand?**
웨어즈 더 택시 스탠드

택시 승강장은 어디입니까?

■ **Where to, sir?**
웨어 투 써

어디로 모실까요?

■ **Downtown, please.**
다운타운, 플리즈

시내로 가 주세요.

■ **To Dodger's stadium, please.**
투 다저스 스테이디엄 플리즈

다저스 스타디움으로 가 주세요.

■ **Take me to the airport.**
테익 미 투 디 에어폿

공항까지 가 주세요.

■ **Stop here, please.**
스탑 히어, 플리즈

여기서 세워 주세요.

■ **Keep the change.**
킵 더 췌인쥐

거스름돈은 됐습니다.

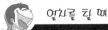 열차를 탈 때

Where's the railroad station?

역은 어디에 있나요?

■ **Where's the ticket window?**
웨어즈 더 티킷 윈도우

매표소는 어디입니까?

■ **A one-way ticket to New York, please.**
어 원 웨이 티킷 투 뉴욕, 플리즈

뉴욕까지 편도 1장 주세요.

■ **Okay, sir. Which class do you want?**
오케이, 써. 위치 클래스 두 유 원트

알겠습니다, 손님. 몇 등석으로 드릴까요?

■ **Where's the train for Paris?**
웨어즈 더 트레인 풔 패리스

파리 행 열차는 어디입니까?

■ **Is this for Madrid?**
이즈 디쓰 풔 머드리드

이건 마드리드 행입니까?

■ **Is this my train?**
이즈 디쓰 마이 트레인

(표를 보이며) 이 열차입니까?

■ **Is this train on schedule?**
이즈 디쓰 트레인 온 스케쥴

이 열차는 예정대로 출발합니까?

253

 지하철버스를 탈 때

Where's the bus stop?

버스 정류장은 어디입니까?

■ **Where's the bus stop?**

웨어즈 더 버스 스탑

버스 정류소는 어디에 있습니까?

■ **At the corner over there.**

앳 더 코너 오버 데어

저쪽 모퉁이에 있습니다.

■ **Which bus goes to San Diego?**

위치 버스 고즈 투 샌 디에이고

어느 버스가 샌 디에이고 행입니까?

■ **When is the next bus?**

웨니스 더 넥슷 버스

다음 버스는 몇 시입니까?

■ **To the art museum?**

투 디 아트 뮤지엄

(버스를 가리키며) 미술관에 갑니까?

■ **Do I have to transfer?**

두 아이 해브 투 트랜스퍼

갈아타야 합니까?

■ **Tell me when we arrive there.**

텔 미 웬 위 어라이브 데어

도착하면 가르쳐 주세요.

렌터카를 이용할 때

I'd like to rent a car.

차를 빌리고 싶은데요.

■ **Where's the rent car counter?**

웨어즈 더 렌트 카 카운터

(공항에서) **렌터카 카운터는 어디입니까?**

■ **I have a reservation.**

아이 해버 레저베이션

(확인서를 제출하며) **예약했습니다.**

■ **I want to rent car for three days.**

아 원트 투 렌트 카 풔 쓰리 데이즈

3일간 차를 빌리고 싶습니다.

■ **What type of a car would you like?**

왓 타입 오버 카 우쥬 라익

어떤 차종을 원하십니까?

■ **Here's my international driver's license.**

히어즈 마이 인터내셔널 드라이버즈 라이선스

이게 제 국제면허증입니다.

■ **I'd like to drop it off in San Francisco.**

아이드 라익 투 드라핏 옵핀 샌프란시스코

샌프란시스코에서 차를 놔두고 싶은데요.

■ **With comprehensive insurance, please.**

위드 캄프리헨시브 인슈어런스, 플리즈

종합보험을 들어 주세요.

Is there a gas station around here?

이 근처에 주유소는 있습니까?

■ **Why did you stop me?**

와이 디쥬 스탑 미

왜 저를 세우셨습니까?

■ **You exceeded the speed limit.**

유 익시드드 더 스피드 리밋

선생님께서는 제한속도를 위반하셨습니다.

■ **Where should I call in case of an emergency?**

웨어 슈다이 콜 인 케이스 오번 이머전시?

긴급연락처를 가르쳐 주세요.

■ **Which way to San Diego?**

위치 웨이 투 샌 디에이고

샌 디에이고는 어느 길을 가면 좋습니까?

■ **Can I park here?**

캔 아이 파크 히어

여기에 주차할 수 있습니까?

■ **Straight or to the left?**

스트레잇 오어 투 더 레프트

곧장입니까, 아니면 왼쪽입니까?

■ **Fill it up with regular, please.**

필릿 업 위드 레귤러, 플리즈

레귤러로 가득 채워 주세요.

호텔을 예약할 때

Could you book a hotel room for me?

호텔을 예약해 주시겠어요?

■ **Can I get a room for tonight?**

캔 아이 게터 룸 풔 트나잇

오늘 밤 방이 있을까요?

■ **Reservation, please.**

레저베이션, 플리즈

예약을 부탁합니다.

■ **Please cancel my reservation.**

플리즈 캔쓸 마이 레저베이션

예약을 취소하고 싶습니다.

■ **I'd like a single room with bath.**

아이드 라이커 싱글 룸 위드 배쓰

욕실이 딸린 싱글 룸이 필요한데요

■ **How much for a night?**

하우 머취 풔러 나잇

1박에 얼마입니까?

■ **Is breakfast included?**

이즈 브랙퍼슷 인클루디드

아침식사는 포함됩니까?

■ **Don't you have a cheaper room?**

돈츄 해버 취퍼 룸

더 싼 방은 없습니까?

257

호텔 체크인

Check in, please.
체크인을 부탁합니다.

■ **Good evening. May I help you?**
굿 이브닝. 메아이 헬퓨

안녕하십니까? 무엇을 도와 드릴까요?

■ **I'd like to check in.**
아이드 라익 투 체킨

체크인하고 싶은데요.

■ **Do you have a reservation?**
두 유 해버 레저베이션

예약을 하셨습니까?

■ **I have a reservation.**
아이 해버 레저베이션

예약했습니다.

■ **May I have your name?**
메아이 해뷰어 네임

성함을 말씀해 주십시오.

■ **Please fill in the registration card.**
플리즈 필린 더 레쥐스트레이션 카드

이 숙박 카드에 기입해 주십시오.

■ **Please don't cancel my reservation.**
플리즈 돈ㅌ 캔쓸 마이 레저베이션

예약은 취소하지 마세요.

■ **I didn't cancel the room.**
아이 디든트 캔쓸 더 룸

방을 취소하지 않았습니다.

■ **Here's the confirmation slip**
히어즈 더 칸풔메이션 슬립

이것이 예약확인증입니다.

■ **How would you like to pay for the charge?**
하우 우쥬 라익 투 페이 풔 더 차쥐

지불은 어떻게 하시겠습니까?

■ **I'll pay with my credit card.**
아일 페이 위드 마이 크레딧 카드

신용카드로 지불하겠습니다.

■ **I paid for the room in advance.**
아이 페이드 풔 더 룸 인 어드밴스

숙박료는 미리 지불했습니다.

■ **A double room is fine.**
어 더블 룸 이즈 파인

더블 룸도 괜찮습니다.

■ **I'd like a room with a nice view.**
아이드 라이커 룸 위더 나이스 뷰

전망이 좋은 방을 주세요

■ **Could you have my baggage sent up?**
쿠쥬 해브 마이 배기쥐 센텁

짐을 방으로 옮겨 주시겠어요?

Where can I have breakfast?

아침은 어디서 먹을 수 있나요?

◼ **Where can I have breakfast?**

웨어 캔 아이 해브 브랙퍼슷(ㅌ)

아침은 어디서 먹을 수 있나요?

◼ **I want you to take my valuables.**

아 원츄 투 테익 마이 밸류어블즈

귀중품을 보관하고 싶은데요

◼ **Will you keep my key?**

윌 유 킵 마이 키

열쇠를 보관해 주시겠습니까?

◼ **Can I have my key?**

캔 아이 해브 마이 키

열쇠를 주시겠습니까?

◼ **Please have my room made up.**

플리즈 해브 마이 룸 메이덥

방 청소를 해 주세요

◼ **Where's the fire exit?**

웨어즈 더 파이어 엑싯

비상구는 어디에 있습니까?

◼ **Do you have any messages for me?**

두 유 해버니 메시쥐스 풔 미

저한테 온 메시지는 있습니까?

I'll be back late tonight.
아일 비 백 레잇 트나잇

오늘 밤 늦게 돌아올 예정입니다.

Room service, please.
룸 써비스, 플리즈

룸서비스를 부탁합니다.

Room service. Can I help you?
룸 써비스 캔 아이 헬퓨

룸서비스입니다. 무엇을 도와 드릴까요?

How long will it take?
하우 롱 윌릿 테익

어느 정도 시간이 걸립니까?

Would you bring me boiling water?
우쥬 브링 미 보일링 워터

뜨거운 물을 가져오세요.

Do you have valet service?
두 유 해브 밸릿 써비스

세탁 서비스는 있습니까?

Laundry service, please.
론드리 써비스, 플리즈

세탁을 부탁합니다.

I want these pants pressed.
아이 원트 디즈 팬츠 프레쓰트

이 바지를 다려 주었으면 합니다.

The room is not cleaned.
방 청소가 안 되었습니다.

■ **I've locked my key in my room.**
아이브 락트 마이 키 인 마이 룸

방에 열쇠를 둔 채 잠가 버렸습니다.

■ **The master key, please.**
더 마스터 키, 플리즈

마스터키를 부탁합니다.

■ **I locked myself out.**
아이 락트 마이셀프 아웃

열쇠가 잠겨 방에 들어갈 수 없습니다.

■ **There's no hot water.**
데어즈 노 핫 워터

뜨거운 물이 나오지 않습니다.

■ **The toilet doesn't flush.**
더 토일릿 더즌트 플러쉬

화장실 물이 흐르지 않습니다.

■ **The next room's very noisy.**
더 넥슷 룸즈 베리 노이지

옆방이 매우 시끄럽습니다.

■ **My room hasn't been cleaned yet.**
마이 룸 해즌트 빈 클린드 옛

방이 아직 청소되어 있지 않습니다.

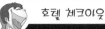

호텔 체크아웃

I'd like to leave one day earlier.

하루 일찍 떠나고 싶은데요.

■ I'll check out tomorrow morning.

아일 체카웃 터마로우 모닝

내일 아침에 체크아웃 하겠습니다.

■ Check out, please.

체카웃, 플리즈

체크아웃을 하고 싶은데요

■ Mr. Hong? May I have the key?

미스터 홍? 메 아이 해브 더 키

홍씨이군요. 열쇠를 주시겠습니까?

■ A porter, please.

어 포터, 플리즈

포터(짐꾼)를 부탁합니다.

■ I'd like to pay with this credit card.

아이드 라익 투 페이 위드 디쓰 크레딧 카드

이 신용카드로 지불하고 싶은데요

■ I think there's a mistake here.

아이 씽크 데어저 미스테익 히어

(청구서를 보고) 이건 잘못된 것 아닙니까?

■ Can I have a receipt?

캔 아이 해버 리씻

영수증을 주시겠어요?

This is something I bought from Korea.

이거 한국에서 사온 선물입니다.

◻ **Is this Mr. Killion's residence?**

이즈 디쓰 미스터 킬리언스 레지던스

여기가 킬리언 씨 댁이 맞습니까?

◻ **Sorry for barging in like this.**

쏘리 풔 바징 인 라익 디쓰

이렇게 불쑥 찾아와서 죄송합니다.

◻ **Thank you for inviting me.**

땡큐 풔 인바이팅 미

초대해 주셔서 감사합니다.

◻ **Here's a little something for you.**

히어저 리틀 썸씽 풔 유

이거 조그만 선물입니다.

◻ **Where is the bathroom?**

웨어리즈 더 배쓰룸

화장실은 어디에 있습니까?

◻ **I guess I'd better be on my way.**

아이 게쓰 아이드 베터 비 온 마이 웨이

이제 가봐야 할 것 같습니다.

◻ **I enjoyed your meal.**

아이 인죠이드 유어 밀

식사 잘 했습니다.

How do I get there?

어떻게 가면 됩니까?

◻ **Excuse me!**
익스큐즈 미

실례합니다!

◻ **Where are we now?**
웨어라 위 나우

(지도를 펼치고) 여기는 어디입니까?

◻ **Where's the department store?**
웨어즈 더 디파트먼트 스토어

백화점은 어디에 있습니까?

◻ **How many minutes by walking?**
하우 메니 미닛츠 바이 워킹

걸어서 몇 분 걸립니까?

◻ **How can I get to Central Park?**
하우 캔 아이 겟 투 센추럴 팍

센트럴 파크로 가려면 어떻게 해야 합니까?

◻ **Is it near here?**
이짓 니어 히어

여기에서 가깝습니까?

◻ **Can I walk there?**
캔 아이 워크 데어

거기까지 걸어서 갈 수 있습니까?

Do you have a free city map?

무료 시내 지도는 있나요?

■ **Good morning. May I help you?**

굿 모닝. 메아이 헬퓨

안녕하세요 뭘 도와 드릴까요?

■ **Do you have a free city map?**

두 유 해버 프리 시티 맵

무료 시내지도는 있나요?

■ **Can I have a sightseer's pamphlet?**

캔 아이 해버 싸잇씨어즈 팸플릿

관광안내 책자를 하나 주시겠어요?

■ **What does the city tour include?**

왓 더즈 더 시티 투어 인클루드

이 도시 관광에는 어떤 것들이 있나요?

■ **I want to see beautiful scenery.**

아이 원트 투 씨 뷰티펄 씨너리

멋진 경치를 보고 싶은데요.

■ **How far is it from here?**

하우 파 이짓 프럼 히어

여기서 멉니까?

■ **Do you have a night tour?**

두 유 해버 나잇 투어

야간관광이 있습니까?

관광투어

What kind of tours do you have?

어떤 투어가 있나요?

◼ **Do you have a guide?**

두 유 해버 가이드?

가이드가 있습니까?

◼ **Do you have a sightseeing bus?**

두 유 해버 싸잇씨잉 버스

관광버스가 있습니까?

◼ **What time and where does it leave?**

왓 타임 앤 웨어 더짓 리브

몇 시에 어디서 출발합니까?

◼ **How long does it take?**

하우 롱 더짓 테익

시간은 얼마나 걸립니까?

◼ **What's the rate per person?**

왓츠 더 레잇 퍼 퍼슨

개인당 비용은 얼마입니까?

◼ **Can I book a tour here?**

캔 아이 북커 투어 히어

여기서 관광예약을 할 수 있습니까?

◼ **Do you have any tours to Disneyland?**

두 유 해버니 투어스 투 디즈니랜드

디즈니랜드를 돌아보는 관광이 있습니까?

How much is the admission?

입장료는 얼마입니까?

◼ How much is the admission?
하우 머취즈 디 어드미션

입장료는 얼마입니까?

◼ Two adults, please.
투 어덜츠, 플리즈

어른 두 장 주세요

◼ What is the closing time?
와리즈 더 클로징 타임

여기는 몇 시에 닫습니까?

◼ Where are the works of Renoir?
웨어라 더 웍스 옵 렌와

르노와르 작품은 어디에 있습니까?

◼ May I take pictures here?
메아이 테익 픽쳐스 히어

여기서 사진을 찍어도 됩니까?

◼ May I use a flash?
메아이 유져 플래쉬

플래시를 써도 됩니까?

◼ Where's the restroom?
웨어즈 더 레슷룸

화장실은 어디에 있습니까?

268

What a wonderful view!

정말 멋진 경치다!

What's that statue?
왓츠 댓 스태츄
저 동상은 뭐죠?

What is this(that)?
와리즈 디스(댓)
이게(저게) 뭐죠?

Do you know what that is?
두 유 노우 왓 댓 이즈
저게 뭔지 아세요?

What a beautiful sight!
와러 뷰티펄 싸잇
정말 아름다운 경치이군요!

What a fantastic view!
와러 팬태스틱 뷰
전망이 기가 막히군요!

What is this building famous for?
와리즈 디쓰 빌딩 풰이머스 풔
이 건물은 왜 유명합니까?

Where is the rest room?
웨어리즈 더 레슷 룸
화장실은 어디에 있습니까?

Could you take a picture of us?

저희들 사진을 찍어 주시겠어요?

■ **Would you please take a picture for us?**

우쥬 플리즈 테이커 픽쳐 풔러스

저희들 사진 좀 찍어 주시겠어요?

■ **All right. Smile. Good.**

올 롸잇. 스마일. 굿

알겠습니다. 웃으세요. 좋습니다.

■ **May I take your picture?**

메아이 테이큐어 픽쳐

당신 사진을 찍어도 됩니까?

■ **Let's take a picture together.**

렛츠 테이커 픽쳐 트게더

함께 사진을 찍읍시다.

■ **May I use a video camera?**

메아이 유저 비디오 캐머러

비디오를 찍어도 됩니까?

■ **I'll send you this picture.**

아일 센듀 디스 픽쳐

이 사진을 보내드리겠습니다.

■ **Write down your name and address, please.**

라잇 다운 유어 네임 앤 어드레스, 플리즈

당신 이름과 주소를 써 주시겠어요?

Where can I get tickets?

티켓은 어디서 살 수 있나요?

■ Where is the popular disco?
웨어리즈 더 파퓰러 디스코

인기가 있는 디스코텍은 어디입니까?

■ Are there any discos around here?
아 데어레니 디스코스 어롸운 히어

근처에 디스코텍이 있습니까?

■ Take me to the disco, please.
테익 미 투 더 디스코, 플리즈

디스코텍에 데리고 가주세요

■ Do you charge for drinks?
두 유 촤쥐 풔 드링스

술값은 별도입니까?

■ Do you have live performances?
두 유 해브 라이브 퍼풔먼스즈

라이브 연주도 있습니까?

■ What's the cover charge?
왓츠 더 커버 차쥐

봉사료는 얼마입니까?

■ Would you dance with me?
우쥬 댄스 위드 미

같이 춤을 추시겠습니까?

271

■ **What kind of gambling can we play here?**

왓 카인돕 갬블링 캔 위 플레이 히어

여기서는 어떤 갬블을 할 수 있습니까?

■ **Is there any casino in this hotel?**

이즈 데어레니 커시노우 인 디쓰 호텔

이 호텔에는 카지노가 있습니까?

■ **I'd like to play gambling.**

아이드 라익 투 플레이 갬블링

갬블을 하고 싶습니다.

■ **I have never experienced gambling before.**

아이 해브 네버 익스피어리언스트 갬블링 비풔

갬블은 처음입니다.

■ **Is there any easy game?**

이즈 데어레니 이지 게임

쉬운 게임은 있습니까?

■ **May I have 200 dollars in chips, please.**

메아이 해브 투 헌드레드 달러즈 인 칩스, 플리즈

칩 200달러 부탁합니다.

■ **Cash my chips, please.**

캐쉬 마이 칩스, 플리즈

칩을 현금으로 바꿔 주세요.

■ **I'll stop here.**

아일 스탑 히어

이제 그만하겠습니다.

귀국할 때

I really enjoyed my trip.
무척 즐거운 여행이었습니다.

■ I want to reconfirm my reservation.
아이 원ㅌ 투 리컨펌 마이 레저베이션

예약 재확인을 하고 싶은데요.

■ Do you have a ticket?
두 유 해버 티킷

항공권은 가지고 있습니까?

■ Where can I make reservation?
웨어 캔 아이 메익 레저베이션

예약은 어디서 합니까?

■ I want to fly as soon as possible?
아이 원ㅌ 투 플라이 애즈 쑨 애즈 파서블

가능한 빠른 편이 좋겠군요.

■ I want to make sure what time it's leaving.
아 원ㅌ 투 메익 슈어 왓 타임 잇츠 리빙

몇 시에 출발하는지 확인하고 싶은데요.

■ Economy-class, please.
이카너미 클래스, 플리즈

일반석을 부탁합니다.

■ Can I change it in to a non-smoking seat?
캔 아이 체인쥐 이틴 투 어 난 스모킹 씻

금연석으로 변경할 수 있습니까?

You're reconfirmed.
유어 뤼컨펌드

예약을 재확인했습니다.

I want to change the flight.
아이 원ㅌ 투 체인쥐 더 플라잇

일정을 변경하고 싶은데요.

Excuse me, I want to change the flight.
익스큐즈 미, 아이 원ㅌ 투 췌인쥐 더 플라잇

죄송합니다만, 비행편을 변경하고 싶은데요.

Would you put my name on the waiting list?
우쥬 풋 마이 네임 온 더 웨이팅 리슷(ㅌ)

웨이팅(대기자)으로 해 주세요.

I'd like to cancel my reservation.
아이드 라익 투 캔쓸 마이 레저베이션

예약을 취소하고 싶은데요.

To the airport, please.
투 더 에어폿, 플리즈

공항까지 부탁합니다.

Which airport do you want?
위치 에어폿 두 유 원

어느 공항입니까?

Please hurry. I'm late, I am afraid.
플리즈 허리. 아임 레잇, 아이 앰 어프레이드

빨리 가 주세요. 늦었습니다.

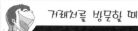
거래처를 방문할 때

Do you have an appointment?

약속은 하셨습니까?

■ **May I have your name, please?**

메아이 해뷰어 네임, 플리즈

누구십니까?

■ **What company are you from?**

왓 컴퍼니 아 유 프럼

어느 회사에서 오셨습니까?

■ **May I help you?**

메아이 헬퓨

무슨 용건이십니까?

■ **Do you have an appointment?**

두 유 해번 어포인(트)먼트

약속은 하셨습니까?

■ **Please take a seat for a minute.**

플리즈 테이커 씻 풔러 미닛

잠시 기다려 주십시오.

■ **I'm sorry, but he is out now.**

아임 쏘리, 벗 히 이즈 아웃 나우

죄송합니다만, 외출중입니다.

■ **He'll be here in ten minutes.**

히윌 비 히어린 텐 미닛츠

10분 정도면 이리 오십니다.

275

■ **He's in an important meeting.**

히즈 이넌 임포턴(트) 미팅

지금 중요한 회의 중입니다.

■ **May I show you the way?**

메아이 쇼우 유 더 웨이

제가 안내해 드리겠습니다.

■ **Let me take you to the boardroom.**

렛 미 테이큐 투 더 보드룸

제가 회의실로 모시겠습니다.

■ **This way, please.**

디쓰 웨이, 플리즈

이쪽으로 오십시오

■ **The rest room is next to the elevator.**

더 레숫 룸 이즈 넥숫 투 디 엘러베이터

화장실은 엘리베이터 옆에 있습니다.

■ **Shall we have a break?**

쉘 위 해버 브레익

잠깐 쉴까요?

■ **Thank you for visiting our company.**

땡큐 풔 비지팅 아워 컴퍼니

저희 회사를 찾아주셔서 감사합니다.

■ **This is main office.**

디씨즈 메인 오피스

여기가 저희 본사입니다.

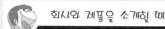

Shall we get down to business?

그럼, 사업 얘기를 해볼까요?

Shall we get down to business?

쉘 위 겟 다운 투 비즈니스?

그럼 사업 얘기를 해볼까요?

We're known for a variety of innovative service.

위어 노운 풔러 버라이어티 옵 이노베이티브 써비스

당사는 각종 혁신적인 서비스로 알려져 있습니다.

We're specialized in business software.

위어 스페셜라이즈드 인 비즈니스 소프트웨어

당사는 업무용 소프트웨어를 전문으로 하고 있습니다.

Have you used any products similar to this?

해뷰 유스트 에니 프러덕츠 씨멀러 투 디쓰

이것과 비슷한 제품을 사용하신 적이 있으십니까?

This is our newest product.

디씨즈 아워 뉴이스트 프러덕트

이것은 당사의 최신제품입니다.

It was just put on the market last week.

잇 워즈 저슷 풋톤 더 마켓 라슷 위크

지난주에 갓 발매되었습니다.

Here's our product catalog.

히어즈 아워 프러덕트 캐털러그

이것이 제품의 카탈로그입니다.

277

The operation is very simple.

조작은 매우 간단해요.

◼ **Let me explain the features of this product.**

렛 미 익스플레인 더 퓌쳐즈 옵 디쓰 프러덕트

이 제품의 특징에 대해 설명해드리겠습니다.

◼ **This is an innovative product.**

디씨전 이노베이티브 프러덕트

이것은 혁신적인 제품입니다.

◼ **It has been attracting a great deal of attention.**

잇 해즈 빈 어트랙팅 어 그레이트 딜 옵 어텐션

큰 주목을 받고 있습니다.

◼ **A number of new functions have been added.**

어 넘버롭 뉴 펑션스 해브 빈 애디드

많은 신기능이 추가되었습니다.

◼ **The operation is very simple.**

디 오퍼레이션 이즈 베리 씸플

조작은 매우 간단합니다.

◼ **It's amazingly efficient.**

잇츠 어메이징리 이피션트

놀라울 정도로 효율이 높습니다.

◼ **I'm sure you'll be pleased with this.**

아임 슈어 유일 비 플리즈드 위드 디쓰

분명 제품에 만족하실 겁니다.

Your proposal sound's interesting.

흥미로운 제안입니다.

■ Your proposal sound's interesting.

유어 프러포우절 싸운즈 인트레스팅

흥미로운 제안입니다.

■ There're some points I need to clarify.

데어라 썸 포인츠 아이 니드 투 클래러파이

확인하고 싶은 점이 몇 가지 있습니다.

■ How is it improved from your previous model?

하우 이짓 임프루브드 프럼 유어 프리비어스 마들

이전의 모델에 비해 어떤 점이 개선되었습니까?

■ Could you give us some examples?

쿠쥬 기버스 썸 익잼플스

예를 들어 주시겠습니까?

■ Could you be more specific?

쿠쥬 비 모어 스피시픽

더 구체적으로 설명해 주시겠습니까?

■ Do you have any data to prove it?

두 유 해버니 데이터 투 프루빗

그것을 설명할 데이터가 있습니까?

■ What's been the reaction of consumers to this product?

왓츠 빈 더 리액션 옵 컨수머스 투 디쓰 프러덕트

이 제품에 대한 소비자의 반응은 어떻습니까?

279

What's the unit price?

단가는 얼마입니까?

◼ **We'd like to discuss the price.**

위드 라익 투 디스커스 더 프라이스

가격에 대해 말씀드리고 싶습니다.

◼ **Please offer your best price.**

플리즈 오퍼 유어 베슷 프라이스

귀사의 최적가격을 제시해 주십시오.

◼ **We'd like to have an estimate.**

위드 라익 투 해번 에스티메잇(ㅌ)

견적을 내 주십시오.

◼ **I'm afraid we can't accept that price.**

아임 어프레이드 위 캔ㅌ 억셉트 댓 프라이스

그 가격으로는 받아들일 수 없습니다.

◼ **We'd like you to offer us a discount.**

위드 라이큐 투 오퍼 어스 어 디스카운트

가격 할인을 부탁합니다.

◼ **Who assumes delivery cost?**

후 어쑴스 딜리버리 코슷(ㅌ)

배송료는 누가 부담하게 됩니까?

◼ **When could we expect delivery?**

웬 쿠두 위 익스펙트 딜리버리

납품은 언제가 되겠습니까?

We're in agreement on the whole.

대강 합의가 되었군요.

◼ **We're in agreement on the whole.**

위어린 어그리먼트 온 더 호울

대충 합의가 되었습니다.

◼ **We seem to have agreed on everything.**

위 씸 투 해브 어그리드 온 에브리씽

모든 점에서 합의가 된 것 같군요.

◼ **Let's discuss the details of the contract.**

렛츠 디스커스 더 디테일스 옵 더 칸트랙트

구체적인 계약에 대해 의논합시다.

◼ **We'd like to reconsider the conditions of the contract.**

위드 라익 투 리컨시더 더 컨디션스 옵 더 칸트랙트

계약 조건을 재검토하고 싶은데요.

◼ **When will the contract become effective?**

웬 윌 더 칸트랙트 비컴 이펙티브

계약 발효일은 언제입니까?

◼ **I think this article isn't what we've agreed on.**

아이 씽(ㅋ) 디쓰 아티클 이즌ㅌ 왓 위브 어그리드 온

이 조항은 합의한 내용과 다른 것 같습니다.

◼ **We're very happy to make a contract with you.**

위어 베리 해피 투 메이커 칸트랙트 위듀

귀사와 계약이 성립되어 매우 기쁩니다.

281

I'd like to make a complaint.
클레임이 있는데요.

■ **I'd like to inquire about your products.**
아이드 라익 투 인콰이어 어바웃 유어 프러덕츠

귀사의 제품에 대해 문의하고 싶은데요.

■ **When will you be able to deliver them?**
웬 윌 유 비 에이블 투 딜리버 뎀

언제까지 납품을 받을 수 있습니까?

■ **We need to have them as soon as possible.**
위 니드 투 해브 뎀 애즈 쑨 애즈 파써블

가능하면 빨리 필요한데요.

■ **We expect it to come in next week.**
위 익스펙팃 투 컴 인 넥슷 위크

다음주에 입하할 예정입니다.

■ **Who handles complaints?**
후 핸들즈 컴플레인츠

누가 클레임을 담당합니까?

■ **We have a problem with your products.**
위 해버 프라블럼 위듀어 프라덕츠

귀사의 제품에 문제가 있습니다.

■ **We want you to deal with it immediately.**
위 원츄 투 딜 위딧 이미디어틀리

즉각 조치를 해 주십시오.

I'll check into it and call you back.

알아보고 즉시 연락 드리겠습니다.

■ **We'll do that immediately.**

위일 두 댓 이미디어틀리

즉각 그렇게 하겠습니다.

■ **We'll take care of the problem.**

위일 테익 케어롭 더 프라블럼

그 문제는 저희들이 처리하겠습니다.

■ **We'll send you the correct items immediately.**

위일 센듀 더 커렉트 아이텀즈 이미디어틀리

곧바로 정품을 보내드리겠습니다.

■ **We'll deliver the missing items to you right away.**

위일 딜리버 더 미씽 아이텀즈 투 유 롸잇 어웨이

곧바로 부족 부분을 보내드리겠습니다.

■ **We'll send you a replacement immediately.**

위일 센듀 어 리플레이스먼트 이미디어틀리

곧바로 대체품을 보내드리겠습니다.

■ **It was our mistake.**

잇 워즈 아워 미스테익

저희들의 실수였습니다.

■ **We're very sorry for the inconvenience.**

위어 베리 쏘리 풔 더 인컨비니언스

폐를 끼쳐드려 대단히 죄송합니다.

현지에서 필요한
생활 속의 영어회화

펴낸날 2024년 8월 15일
지은이 이동만
펴낸이 배태수 ___펴낸곳 신라출판사
등록 1975년 5월 23일
전화 032)341-1289 ___팩스 02)6935-1285
주소 경기도 부천시 소사구 범안로 95번길 32

ISBN 978-89-7244-164-9 13740
*잘못된 책은 구입한 곳에서 바꾸어 드립니다.